SIR TOMÁS MORO
canciller de Inglaterra

Francisco Troya

Casals

Directora de la colección: Mercedes Álvarez

Diseño de cubierta: Bassa & Trias
Fotografías: ACI; AISA, ALBUM
Ilustraciones: Farrés, il·lustració editorial
Fotografía de la cubierta: *Sir Thomas More*, de Hans Holbein, El Joven.
Lincoln's Inn, Londres.

Tercera edición: enero de 2011
ISBN: 978-84-218-4797-8
Depósito legal: M-397-2011
Printed in Spain
Impreso en ANZOS, S. L., Fuenlabrada (Madrid)

Cuaderno documental de Miguel Castañer.

A Jordi y Sergio

¿De qué sirve al hombre ganar el mundo entero si pierde su alma?

San Mateo, 16, 26

La fama de este santo inglés —humanista, abogado, hombre de Estado y padre de familia— ha popularizado su nombre en castellano: Tomás Moro. No obstante, aquí se ha preferido emplear su forma original: Thomas More.

A un paso de la eternidad

El batir de tambores continuaba resonando, persistente, en los oídos de Margaret Clement. Era un sonido triste y grave, monótono, como el tañer de las campanas cuando repican a muerto. Un sonido que espanta y encoge el corazón.

Y luego, aquel fugaz destello del filo del hacha, que descendió como un rayo, aún reverberaba y hería sus ojos enrojecidos por las lágrimas.

Hizo un gesto con la cabeza, como queriendo desterrar aquellas imágenes, ahuyentar aquel rumor obsesivo de sonidos y visiones de muerte.

Se llevó ambas manos al rostro y dejó escapar un gemido ahogado:

—¡Oh, Dios mío! ¡Dios mío!...

★ ★ ★

Aquella mañana del 6 de julio de 1535, la comitiva de soldados al mando del lugarteniente sir Edmund Walsingham había salido de la Torre de Londres llevando en custodia al prisionero. A unos escasos trescientos metros más allá, en Tower Hill, todo estaba ya dispuesto para la ejecución. Sir Thomas More, el anterior lord canciller de Inglaterra, había sido acusado de delito de alta traición contra su majestad Enrique VIII y condenado a muerte.

Las campanas habían emitido ocho graves toques, como siempre, pero ahora parecían sonar más nítidos y solemnes; tal era el silencio, expectante, entre el gentío que allí se había congregado.

Al aparecer los arqueros y los soldados armados con picas y lanzas, la muchedumbre que aguardaba a las puertas de la Torre prorrumpió en contenidas y ahogadas exclamaciones.

El prisionero caminaba pausado; llevaba un vestido pobre y raído, de color gris, y entre las manos, una cruz roja.

—¡Qué demacrado está! —se oyó comentar a una mujer de entre la multitud.

—Sí, sí... —confirmó otra voz—. ¡Y qué delgado! Realmente parece un cadáver.

—*Sic transit gloria mundi*. Así de fugaz es la gloria mundana —exclamó sentenciosamente otra voz cercana—. Ayer, lord canciller del reino; hoy, decapitado.

Pero sir Thomas mostraba la actitud de quien hace ya mucho tiempo había renunciado a las glorias humanas, ocupado tan solo, durante los largos meses que estuvo en prisión, en meditar sobre la pasión de Cristo y en preparar su salida de este mundo.

El reo mostraba un semblante tranquilo y una leve y serena sonrisa se apuntaba en sus labios. La barba, larga y entrecana —había crecido mucho en esos meses de cautiverio—, se agitaba con la suave brisa de aquella mañana de verano.

A su paso, no faltaron voces que le echaron en cara su ingratitud para con el rey, que le tacharon de traidor a la corona e incluso de hereje.

Pero tampoco faltaron voces y actitudes agradecidas, en reconocimiento a los beneficios recibidos de sus generosas y caritativas manos, a su prestigio e intachable rectitud moral como juez en una época de intrigas y corrupción..., o al ejemplo que daba ahora al ofrecer su vida por seguir el dictado de su conciencia, en defensa de la unidad de la Iglesia y de la autoridad del Papa.

Destacándose entre el gentío, una mujer le ofreció un poco de vino con que fortalecer su debilidad.

—Gracias, mujer —dijo Thomas More, rehusándolo amablemente—. Pero a Cristo, en su pasión, no le dieron a beber vino sino vinagre y hiel.

Otra tuvo que ser sujetada cuando se abalanzó sobre él, protestando de que, siendo canciller, había cometido una injusticia contra ella.

—Muy bien recuerdo vuestro caso —exclamó, deteniéndose, el prisionero—. Y, si tuviese que dictar sentencia de nuevo, os aseguro que sería la misma que la de antes.

Un hombre, a quien More había consolado con sus consejos y oraciones ante las dificultades que atravesaba, dificultades que le habían arrastrado incluso al borde del suicidio, le dijo a su paso:

—Master More, master More, ¿me reconocéis? ¡Por amor de Dios, os lo suplico, rezad por mí! Las dificultades han vuelto y no puedo librarme de ellas.

—Sí, os recuerdo bien —respondió—. Idos en paz, y rogad por mí, que yo no dejaré de hacerlo por vos.

Otra mujer le reclamó los documentos de unas posesiones, que había puesto bajo su custodia cuando era el lord canciller.

—Buena mujer, os lo ruego —le suplicó More—, tened todavía un poco de paciencia. Su majestad el rey es tan bueno conmigo que, en menos de media hora, me habrá liberado ya de toda preocupación, y os podrá ayudar él personalmente.

A media cuesta de la colina que se eleva detrás de la Torre, Thomas More se apoyó en un bastón. Se sentía muy débil. Un poco más arriba se levantaba el patíbulo.

Pero por entre las cabezas de la compacta muchedumbre que había acudido a presenciar la ejecución, Margaret Clement, su hija adoptiva, apenas si podía distinguir la figura de aquel que, de verdad, había querido como a un padre.

El reflejo de las lanzas y las picas, cuyos filos relucían con el sol de la mañana, indicaban a Margaret el avance de la comitiva. Ésta adelantaba muy lentamente, a causa de la muchedumbre congregada. Margaret, medio oculta entre el gentío, vio a su padre cuando ya estaba pronto a alcanzar los peldaños que ascendían al cadalso.

Contuvo sus deseos de abalanzarse sobre él y abrazarlo y besarlo, y el rostro se le crispó de dolor. Margaret Clement fue la única persona de la familia de los More que estuvo presente en la ejecución. Pero sir Thomas no pudo saberlo.

Al subir los desajustados peldaños del patíbulo, éstos crujieron. Sir Thomas notó que las fuerzas le flaqueaban aún más; tanto que estuvo a punto de caerse, y solicitó la ayuda del lugarteniente.

Le abandonaron las fuerzas, pero no el buen humor:

—Os pido, milord —le dijo—, que me ayudéis a subir, que para bajar no tenéis más que soltarme, que ya me encargo yo solo.

Una vez arriba, se dirigió a la nutrida muchedumbre que le contemplaba.

Margaret pudo oír, mientras el dolor le golpeaba el pecho, cómo rogaba a los allí presentes que rezasen a Dios por él, que él haría lo mismo por ellos en la otra vida; que rezasen especialmente por el rey, para que fuese iluminado en su tarea de gobierno; y que moría —todos pudieron oírlo con claridad— por ser un buen servidor del rey, pero antes de Dios.

Después Margaret observó cómo, con dificultad, se ponía de rodillas y recitaba, recogido en oración, el salmo número 50:

—*Miserere mei, Deus, secundum magnam misericordiam tuam...* Ten piedad de mí, oh Dios, según la grandeza de tu misericordia. Y según la muchedumbre de tus piedades, borra mi iniquidad... Crea en mí, oh Dios, un corazón puro, y renueva en mis entrañas el espíritu de rectitud... No desprecies, oh Dios mío, un corazón contrito y humillado...

Una vez que hubo terminado, se puso en pie. Acercándose al verdugo, lo abrazó y le dio las gracias. Éste se arrodilló delante de él y, como era costumbre, le pidió que le perdonara:

—¡Pero hombre! —respondió More, sonriendo—. Ánimo, y no tengáis miedo en cumplir con vuestro oficio. Mi cuello es muy delgado. Pero... tened cuidado de no cortar de lado, para que no se hable mal de vuestro prestigio.

Rehusó el gesto del verdugo cuando éste se le aproximó con intención de vendarle los ojos.

—Lo haré yo mismo —le dijo, al tiempo que sacaba un pañuelo que traía en el bolsillo.

Luego, el verdugo extrajo el hacha de debajo de un montón de paja amontonada.

El ajusticiado se reclinó despacio, muy despacio, hasta reposar la cabeza sobre el tajo de madera. Al hacerlo, notó que se le había quedado enredada su larga barba entre la garganta y el madero, por lo que advirtió al verdugo:

—Por favor, permitidme que pase la barba por encima del tajo, no vaya a ser que la cortéis.

El verdugo ya había elevado en el aire el hacha.

—Ella... —prosiguió More— no ha cometido ningún delito de alta traición.

Y se hizo el silencio.

Un silencio denso, muy denso, que quedó interrumpido por el golpe seco del hacha que limpiamente seccionó el cuello y quedó clavada en el madero, y por el lúgubre ruido de la cabeza al rodar por las tablas, que quedaron manchadas de sangre.

★ ★ ★

Una vez obtenido el permiso para dar sepultura al cuerpo del ajusticiado, con gran dolor, sacando fuerzas de flaqueza, entre Margaret Clement, Margaret Roper, la hija mayor de Thomas More, y Dorothy Harris, tomaron el mutilado cadáver de sir Thomas More, y lo envolvieron en una sábana. Le dieron sepultura en la pequeña iglesia de Saint Peter, situada dentro del recinto de la Torre.

El verdugo había echado la cabeza de More, con barba y cabello, en un caldero con agua hirviendo. Luego, a la entrada del puente de Londres, donde se exponían sobre los palos las cabezas de los ajusticiados para público escarmiento, el verdugo cogió la calavera del obispo de Rochester, John Fisher, y la arrojó a las aguas del río; mientras ésta se hundía, sobre aquella misma pica clavó la cabeza de sir Thomas More.

El día había ido avanzando lenta y dolorosamente, y el sol se encontraba ya muy arriba.

Retrato de familia y recuerdos lejanos

Sir Thomas More vio por primera vez la luz —esa luz que de modo tan violento se le habría de apagar— probablemente un 7 de febrero de 1478 en la ciudad de Londres. Su padre, sir John More, era un prestigioso abogado y juez que estaba casado con Agnes Graunger. Thomas fue el segundo hijo que tuvo el matrimonio pues primero había nacido una niña, Joan, después él, y con un año de diferencia, vendrían Agatha, que murió a temprana edad, John, Edward y, por último, Elizabeth.

Cuando Thomas cumplió los cinco años, murió la madre, y los hijos fueron creciendo sucesivamente bajo los cuidados y la protección de tres madrastras. Su relación con ellas fue muy cordial, y éstas supieron cumplir con su deber de atender el hogar y sacar adelante a tan numerosa prole.

Tenía Thomas siete años, cuando el juez John More le llevó a la prestigiosa escuela de Saint Anthony. El colegio tenía fama de ser el mejor de la ciudad, y además era gratuito. Aquí adquirió las bases de una esmerada educación y los primeros fundamentos en el aprendizaje de la lengua latina, que le sería indispensable para posteriores estudios. A lo largo de su vida, Thomas utilizaría el latín con la misma fluidez y naturalidad que su propia lengua materna.

Después, de 1490 a 1492, el joven Thomas pasó a completar su educación en el palacio arzobispal de Lambeth. Entró como paje al servicio de John Morton, arzobispo de Canterbury y, también, canciller de Inglaterra.

«Este hombre —años después así lo recordaría Thomas More en su obra *Utopía*—, que no era difícil de trato, aunque sí serio y grave, gustaba de parecer desabrido con los que venían a solicitar algo, pero sin llegar a herirles, como si tratase de probar el ingenio y la fortaleza de ánimo del solicitante. Esa disposición, siempre que no llegase al descaro, le producía complacencia, no solo por afinidad con su propio temperamento, sino también por considerarla cualidad apropiada para la administración de los asuntos públicos».

La espontaneidad y desenvoltura del paje Thomas, su simpatía y sentido del humor, sus deseos de saber y de adquirir cultura no pasaron desapercibidos al arzobispo, y pronto le granjearon la benevolencia y protección del prelado.

En ocasiones, cuando con motivo de una fiesta, como en Navidades, se celebraba una representación teatral, Thomas, sin pensarlo dos veces, se introducía entre los actores, creando e improvisando su propio papel, y provocando la risa de los espectadores mucho más que el resto de los actores.

El canciller Morton gozaba con su vivo ingenio y su buena disposición; tanto que solía comentar a los nobles y personalidades que, con frecuencia, invitaba a comer:

—Este muchacho que nos sirve la mesa —decía, lleno de satisfacción, refiriéndose a Thomas—, quien viva para verlo, verá que llega a ser un hombre extraordinario. Lo verá, sí. Ya lo creo.

Y no se engañaba el anciano cardenal...

El tiempo transcurrido en Lambeth permitió al joven More observar muy de cerca el comportamiento de los grandes y nobles del reino, seguir el protocolo y las reglas de cortesía en las recepciones a los embajadores de otros países, y admirarse con los presentes que aquéllos traían y con las cosas que oía de remotos lugares, lo que le sería de gran utilidad en un futuro no muy lejano.

Por mediación del arzobispo Morton, en 1492, cuando Thomas cumplió los catorce años, ingresó en la universidad de Oxford.

Pasó, así, de las comodidades y el fausto del palacio del canciller a las frías aulas y edificios de piedra de Oxford. Aún más, puesto que al rigor disciplinario que caracterizaba al Canterbury College, se añadió la intención del juez More de que su hijo aprendiera a desenvolverse en la vida con lo estrictamente justo e imprescindible, a pesar de que la familia gozaba de una situación económica más que desahogada.

Mucho le costó entender, entonces, el tener que pasar por aquellas estrecheces económicas. Sin embargo, más tarde, recordaría con agradecimiento aquel proceder de su padre:

—Así fue —explicaría después— que no caí en vicios ni perdí el tiempo en diversiones extravagantes o peligrosas. Ni siquiera tuve oportunidad de saber lo que eran, porque mi asignación no daba para tanto.

Pero más, mucho más, le costó aceptar la decisión de su padre de sacarle de Oxford después de que hubieran transcurrido dos años de vida universitaria. Porque allí, Thomas había perfeccionado su latín y había empezado a estudiar griego y, sobre todo, a entusiasmarse con la cultura clásica y a respirar los nuevos aires que traía el Humanismo renacentista.

No obstante, el juez John More estaba firmemente convencido y decidido a que su hijo —le amenazó con desheredarle— no siguiera la escasamente remunerada vida del intelectual, siempre en busca de protector y mecenas, sino que se ganara la vida ejerciendo de abogado, igual que él, que, al menos en Inglaterra, gozaba de respetuoso prestigio.

Así, cuando terminó el curso escolar y llegaron las vacaciones de verano Thomas More, con gran pena y muy a pesar suyo, tuvo que regresar a Londres.

Y precisamente aquel verano de 1494, su pecho latió por primera vez con violenta y desconocida fuerza. Thomas había sentido el amor...; un amor apasionado y adolescente, que fue tan intenso como breve, pues los padres de aquella jovencita de dieciséis años que se llamaba Elizabeth no permitieron que el idilio progresara.

Y Thomas no volvió a verla más, porque, como escribió en los versos que le dedicó:

«un vigilante y una puerta cerrada
sellaron para siempre nuestro amor».

Acabó el verano y empezó un nuevo curso. Thomas More ingresó en New Inn, una de las academias de la cancillería del reino —que también hacían las veces de residencia de juristas y alumnos— para estudiar leyes. En sus estudios pronto hizo notables progresos, avanzando desde los niveles más bajos a los más altos. Dos años después pasó a Linconl's Inn, en donde prosiguió su formación, y, como en sus años de Oxford, con una pensión muy reducida, hasta concluir los estudios y ser reconocido como abogado con todas las calificaciones.

Durante estos años, compaginó la jurisprudencia con el estudio de las disciplinas humanísticas que tanto le apasionaban, así como el de las materias teológicas y las referentes a las Sagradas Escrituras, poniendo de manifiesto, además de sus amplias inquietudes intelectuales, su gran capacidad de trabajo.

El prestigio del joven Thomas More como abogado y humanista se iría cimentando cada vez más sólidamente con el transcurrir del tiempo.

En el mundo y desde el mundo

Muy honda fue la impronta que sir John More dejó en su hijo Thomas. De él heredó un fino sentido del humor y un punto —grueso, cuando era necesario— de ironía, el espíritu de servicio, una piedad cristiana fuertemente arraigada, un agudo sentido de la justicia, la lealtad y la rectitud, y una actitud insobornable. De él heredó, incluso, la reincidencia en el matrimonio.

Pero si amplia fue la influencia de More padre, y definitivas las razones para convencer a su hijo de que siguiera la carrera de abogado y no los estudios de Humanidades por los que se sentía más atraído, hubo momentos significativos en la vida de Thomas en los que solo él, de modo exclusivo, quiso decidir. En realidad, entre él... y Dios.

Thomas More era un joven sano, culto y piadoso; su piedad se había ido fortaleciendo en casa de su padre, y también durante su estancia en el palacio de Lambeth. Pero, por esta época, una inquietud desazonadora le sugería en el fondo de su alma que quizá tuviera vocación para servir a Dios en el estado religioso.

Sin interrumpir por completo su trabajo como abogado, ni su incipiente labor literaria, ni el trato con sus amigos humanistas, decidió examinar el asunto con detenimiento. Era preciso aclarar si la plenitud de vida cristiana a la que se sentía llamado le conducía por la vida religiosa o, por el contrario, debía quedarse en el mundo y formar una familia. Con estos pensamientos ingresó en la cartuja de Londres, para entregarse a la oración y a la reflexión pausada.

Así pues, entre 1498 y 1502 hizo vida común con los cartujos. Pero sin profesar ningún tipo de votos ni promesas. En calidad de huésped, se integró en la vida de la orden de san Bruno: asistía cada día a misa, participaba en las lecturas y en los rezos del coro, y se daba también a los ayunos y otras prácticas de penitencia, entre otras la de disciplinarse y la de utilizar una camisa de pelo áspero que no dejaría de emplear hasta su muerte.

Mientras tanto, en 1501 fue admitido en el ejercicio público de la abogacía, y pronto empezó a adquirir tal reputación que llegó a ser elegido representante para el Parlamento.

Un hecho vino a consolidar el prestigio profesional de Thomas More y a encaminarlo hacia la gestión pública. Cuando Enrique VII convocó al Parlamento para solicitar del pueblo una ayuda extraordinaria para sufragar los gastos por el funeral del príncipe Arturo y los de la boda de la princesa Margarita con el rey de Escocia, Jacobo IV, muchos parlamentarios mostraron una actitud displicente en la defensa de los derechos del pueblo frente a la demanda real, ya que sabían que el monarca tenía espías dentro del Parlamento, y también sabían de su carácter rencoroso y vengativo. Pero el joven More no era de los que permanecían indiferentes ante situaciones de injusticia e intervino en las sesiones activamente, defendiendo los justos intereses de los ciudadanos. Y en el debate final, habló y argumentó de tal modo contra las pretensiones del rey que, a consecuencia de ello, se decidió rechazar la demanda.

De inmediato, un tal master Tyler, uno de los parlamentarios más allegados a la causa del rey, fue a comunicarle a su majestad que «un imberbe muchacho» había echado por tierra sus planes, y que tendría que conformarse con menos de la mitad de lo exigido.

La indignación de Enrique VII fue grande, y Thomas More cayó desde aquel instante en desgracia delante del rey.

A la vez, en el terreno espiritual y personal, su compromiso con el mundo se fue también aclarando. Aquella inquietud inicial se transformó en luces claras cuando descubrió la figura y la obra del humanista italiano Pico della Mirandola, y con él un nuevo horizonte en el modo de vivir con plenitud el cristianismo, en el mundo y desde el mundo.

A Thomas More, lo que más le removió de este personaje fue su encuentro y conversión a Cristo. Le impresionó profundamente que un simple laico —no un monje, ni un fraile—, un hombre de aristocrático origen, que había experimentado todos los placeres de la vida, se convirtiera en un hombre piadoso, que dedicaba a la oración un tiempo fijo y constante, que disciplinaba y mortificaba su cuerpo, que despreciaba los bienes terrenos y renunciaba a los honores que antes con tanta codicia persiguiera; de esta manera agradaba a Dios, estaba siempre alegre y tenía libre su espíritu. Y fueron esas ideas las que siempre alentaron a Thomas y le orientaron en su vida.

Al fin, el joven More se convenció —no sin cierto pesar, pues en la mentalidad de la época el ideal de perfección cristiana era sinónimo de ingresar en el estado religioso— de que no tenía vocación ni para religioso ni para sacerdote. Así pues, la siguiente decisión en un hombre práctico y resolutivo como él —su determinación de permanecer «en el mundo» la identificaba con la determinación de casarse— fue la de tomar una esposa y formar una familia, persuadido de que ése era el camino por el que Dios le llamaba.

Se encaminó, pues, hacia Netherhall, en el condado de Essex, a casa de master Colt. Éste, que le conocía por haberle invitado en diversas ocasiones, tenía tres hijas en edad de casarse.

A Thomas More le atraía la belleza y la gracia de la segunda hija, pero al considerar la pena —y también la vergüenza— que sería para la hermana mayor verse postergada por la más joven, movido de cierta compasión, se encariñó de ella. De este modo, y poco tiempo después, en enero de 1505 contrajo matrimonio con Jane Colt, jovencita asimismo agraciada que ya contaba con casi diecisiete años.

El joven matrimonio se instaló en Londres, en Bucklersbury, a orillas del Támesis. A pesar de algunas dificultades de educación y carácter —la joven esposa se había criado en un ambiente rural y carecía de instrucción—, Thomas y Jane formaron un matrimonio feliz. Thomas profesó un amor sincero y auténtico por su «mujercita», como la llamaba cariñosamente. Tuvieron tres hijas, Margaret, Elizabeth y Cecily, y un hijo, John. A ellos hay que añadir también una hija adoptiva, Margaret Giggs (que luego adoptaría el apellido de su marido John Clement).

Thomas More procuró para sus hijos una educación basada en la virtud y en el estudio; y según el espíritu renacentista, en el ideal de deleitar enseñando, exhortándolos, desde muy pequeños, «a tomar la virtud y el estudio como si fueran la carne, y el juego como la salsa». También se cuidó de que, en medio de las tareas del hogar y el esfuerzo que requiere la crianza de los niños, Jane dispusiera de tiempo para cultivar su espíritu.

Mientras tanto, su actividad como abogado se fue haciendo cada vez más intensa. En cierta ocasión, por un pleito, tuvo More que interrogar a Richard Foxe, obispo de Winchester y miembro del Consejo real. Éste, llamándole aparte, le prometió que si dictaba sentencia a su favor, le restauraría, valiéndose de su influencia como miembro del Consejo, en el anteriormente perdido favor y gracia del rey.

En realidad, como se pudo comprobar después, no se trataba más que de una maniobra para tener a Thomas bajo la voluntad de Enrique VII. Pues si accedía, era un modo de reconocer su culpabilidad en la intervención parlamentaria de tiempo atrás, dando así ocasión al rey para desquitarse de aquella humillación en el momento que a él le pareciera más oportuno.

Receloso de la propuesta, More quiso tomar consejo de su buen amigo Richard Withford, que era entonces capellán del obispo:

—Por la pasión de Cristo —le contestó— de ninguna de las maneras hagáis eso.

—Pero... ¿por qué? —quiso saber Thomas.

—Porque a mi señor —explicó, refiriéndose al obispo— con tal de servir al capricho del rey, no le importaría concertar la muerte de su propio padre.

Muy persuadido quedó Thomas More del espíritu de venganza que animaba al viejo Tudor, y de que bien era capaz de cualquier cosa si con ello veía cumplidos sus deseos. Así que, en 1508, decidió visitar las universidades de Lovaina y París, quizá también con la idea de buscar un lugar de exilio, pues siendo objeto de la indignación del monarca, no podía vivir en Inglaterra sin temer un gran peligro. Temores que no se difuminaron hasta la muerte de Enrique VII, ocurrida en abril de 1509.

El humanista y su «Utopía»

El derecho, la jurisprudencia, era la ocupación de Thomas More; con él sacaba adelante a su familia, y se cimentaba la actual posición social de que gozaba. También le ocupaba la erudición y el saber, su amor soñado y probablemente su verdadera vocación, que alimentaba cuando podía, robando horas al sueño.

El círculo de humanistas en el que se movía —More era el más joven de ellos— estaba formado, en primer lugar, por sus compañeros y profesores de Oxford y Londres. Entre los más notables estaban William Grocyn, hombre de vasto saber, con quien More estudió griego y quien le introdujo en el mundo helenístico; el médico del rey, Thomas Linacre, su «maestro de estudios» como le llamaba, que le inició en el estudio de Aristóteles; John Colet, a cuyo requerimiento el joven Thomas preparó una serie de conferencias comentando *La ciudad de Dios*, de san Agustín, y quien le introdujo en el estudio de los Santos Padres, y muchos otros más. Toda una generación de intelectuales entusiastas, en su mayoría clérigos, que habían estudiado en Italia y se habían empapado de la cultura y el pensamiento de la Antigüedad clásica.

Y luego, por supuesto, también trató a la gran figura del humanismo europeo: Desiderius Erasmus, que era originario de Rotterdam. Thomas More conoció a Erasmo en el verano de 1499 en Londres, presentado por su amigo lord Mountjoy, quien había invitado a Erasmo a pasar unos días en Inglaterra. Aunque era unos diez años más joven que él —Thomas tenía veintidós años y Erasmo treinta y tres—, desde entonces les uniría una tan estrecha amistad que perduraría toda la vida, a pesar de que sus caracteres eran notablemente diferentes.

En la casa de los More, en Bucklersbury, se hicieron habituales las reuniones con sus amigos humanistas para conversar sobre todo tipo de temas: filológicos, religiosos, filosóficos y de otras ciencias. Y es en esta casa donde se hospedaba Erasmo en sus frecuentes viajes a Londres.

En ese ambiente de humanistas enamorados del saber, a la par que su prestigio profesional, la obra literaria de Thomas More —obra literaria de «tiempo libre», como la calificaba— también iba creciendo, aunque paulatinamente.

Pero en el verano de 1511, el hogar de los More sufrió una dolorosa conmoción. A Jane Colt, su «querida mujercita», le sorprendía la muerte de un modo repentino e inesperado.

Thomas More, aparte del profundo dolor causado, se encontraba con una situación familiar que no podía ser más delicada. Los niños eran muy pequeños: Margaret, la mayor, tenía entonces seis años y John, el pequeño, apenas contaba con dos años de edad. A ello se añadía una actividad profesional y literaria cada vez más absorbente.

La resolución que adoptó More puede parecer insólita por su rapidez, pero coherente con el realismo y sentido práctico que le caracterizaba: pocos meses más tarde, con el fin de recomponer el hogar, contrajo segundas nupcias con Alice Middleton, viuda de un mercader y seis años mayor que él. La nueva señora More aportó al matrimonio una hija, Alice, que tenía ocho años, experiencia en el gobierno del hogar y una sustanciosa dote.

Según la descripción que de ella hacen algunos de los amigos de Thomas —y que no deja de tener su punto de malicia—, la nueva señora More era ruda y gorda, gruñona e ignorante. Y es que lady Alice en seguida se hizo cargo del gobierno de la casa con mano firme, poniendo un poco más de orden en el hogar, restringiendo las visitas y disolviendo las habituales reuniones de humanistas en aquella casa, ya numerosa de por sí. Ni siquiera el admirado Erasmo volvió a hospedarse en casa de More durante sus posteriores estancias en Londres, y tuvo que buscarse un nuevo alojamiento.

El carácter de lady Alice, de por sí difícil de moldear pues se trataba de una mujer bregada y experimentada en la vida, donde mejor se pone de manifiesto es en su espíritu de contradicción.

En cierta ocasión, increpaba a su marido al ver que no actuaba, según ella, como las circunstancias requerían:

—¿Por qué no queréis hacer lo que todo el mundo hace? ¿O es que vais a quedaros sentado junto a la chimenea, removiendo con un palo la ceniza como hacen los niños? ¡Oh, si yo fuese hombre os enseñaría lo que teníais que hacer!

—¿Y qué es lo que haríais, mujer? —preguntó Thomas.

—¿Qué haría? ¡Sin dudarlo, apostaría por la parte más segura! Ya mi madre me decía que es mejor gobernar que no ser gobernado. ¡Yo no sería tan necia de dejar que me gobernasen, pudiendo hacerlo yo misma!

—Esta vez habéis dicho la verdad —respondió More—. Porque en lo que a vos respecta, yo no he visto nunca que estuvieseis dispuesta a dejaros gobernar.

A pesar de todo, Thomas quiso sinceramente a lady Alice, aunque no tuvo hijos de ella, y siempre la alabó por su entrega generosa y por cuidar y querer a sus hijos como si fueran suyos propios. En sus frecuentes ausencias del hogar, ya fuera por las misiones diplomáticas o porque le reclamaban en la corte, Thomas More sabía que dejaba su casa y el gobierno de ella en muy buenas y expertas manos.

Una vez recompuesta la situación familiar, Thomas More se entregó de nuevo al trabajo y al estudio, sin dejar de lado sus proyectos literarios; proyectos que culminaron con la aparición de su obra más importante, *Utopía*, que vio la luz en Lovaina, en 1516, y, en edición definitiva, en Basilea en 1518.

Utopía es una obra compleja, hasta el punto de que ha sido interpretada desde muy distintas perspectivas y, en ocasiones, desde puntos de vista contrapuestos y hasta contradictorios.

Los habitantes de la isla de Utopía, que se rigen por unas leyes, instituciones y costumbres realmente singulares, constituyen un pueblo muy culto y civilizado, y gozan de «la mejor forma de comunidad política» que se conoce.

Los utopienses todo lo tienen en común y colaboran juntos para abastecerse en sus necesidades; también les caracteriza el menosprecio en que tienen el oro y la plata, la educación, que ponen al alcance de todos, y una concepción de la felicidad basada en la práctica de la virtud.

Así como en otras civilizaciones y culturas en que el poder y la ambición, el orgullo y el deseo de sojuzgar a los demás son la raíz de todos los males e injusticias —no solo personales, sino también sociales—, en Utopía no tienen cabida estos peligros porque todos son —y se consideran— iguales. Visten todos de la misma manera y no necesitan del dinero, que no existe, para satisfacer sus necesidades de subsistencia; todo es de todos, y todos trabajan para todos, lo que hace que no puedan existir ni pobres ni mendigos.

Esa fundamental igualdad de todos los utopienses, les lleva a rechazar la propiedad privada, en la cual se apoya la avaricia de aquellos que ostentan —cuando no detentan— el poder; poder que está igualmente repartido entre unos pocos privilegiados. En cambio, entre los utopienses, como tienen todo lo que necesitan, nadie quiere poseer —o ser, en el sentido de aparentar— más que nadie.

Tal es así que consideran loco y necio a los que pretenden tenerse por más nobles y dignos por llevar, por ejemplo, un vestido de hilo de lana más fina que otro; ya que esta lana «la llevó antes una oveja, y mientras la llevó, no fue otra cosa que oveja». Así pues, no está en la ostentación externa lo que hace al hombre más noble, digno o mejor que otro.

Su profundo desprecio por el oro, la plata y las piedras preciosas, que tanto se ambicionan en otros lugares, se pone de manifiesto al destinarlo los utopienses para la elaboración de objetos viles. Mientras «comen y beben en vajillas de tierra o de vidrio, muy elegante en verdad pero barata, con el oro y con la plata hacen orinales y toda clase de recipientes indecorosos...». También en oro y plata «forjan las cadenas y los pesados grilletes con que tratan a los siervos» o esclavos; y por último, a los delincuentes «les cuelgan anillos de oro de las orejas, el oro cubre sus dedos, un collar de oro rodea su cuello, y su cabeza, en fin, está ceñida de oro». En cuanto a las perlas y piedras preciosas no le dan más valor que el de las bolitas con las que suelen jugar los niños, de manera que cuando crecen las desprecian por ser cosa de pequeños.

Grande fue la sorpresa de los utopienses cuando unos legados de un país, que ignoraban sus costumbres de vivir, llegaron a Utopía para tratar de asuntos comerciales, luciendo el fausto de sus mejores galas. Congregados en las calles para verlos pasar, todo aquel esplendor de los legados lo consideraron como algo vergonzoso, y saludaban a los criados, pensando que eran los verdaderos señores, e ignoraban a los legados, teniéndoles por siervos a causa de tanto oro como veían que llevaban.

«Hasta los niños, dejando sus gemas y perlas, al verlas en los sombreros de los legados, se dirigían a sus madres, indicándoles con el codo:

—Mira, madre, qué presuntuoso aquél que aún lleva perlas y gemas como si fuera un chiquillo.

A lo que la madre respondía, también en serio:

—Calla, hijo; seguro que es alguno de los bufones de los legados».

En el aspecto de la educación, todos en Utopía —tanto hombres como mujeres, sin distinción— tienen la posibilidad de cultivar el espíritu y la inteligencia. No solo aquellos que muestran una clara inclinación y aptitudes para ello, sino también «se instruye a todos los niños en las letras, y buena parte del pueblo, hombres y mujeres, consagran a las letras durante toda su vida aquellas horas que les quedan libres de sus tareas», estudiando aquellas disciplinas en su propia lengua.

En Utopía, pues, todo está orientado a procurar la felicidad de sus habitantes. Sin embargo, consideran que la felicidad no está en cualquier placer, en todo placer, «sino en el bueno y honesto» únicamente, y de modo especial procuran ante todo los placeres del espíritu «que dimanan del ejercicio de las virtudes y de la conciencia de una vida buena». En efecto, «hacia él —el placer—, como hacia el sumo bien, es arrastrada nuestra naturaleza por la virtud».

De esta manera, y a partir de la ironía y el humor que derrocha Thomas More, *Utopía* se convierte en el contrapunto crítico de las instituciones, costumbres y valores sociales y morales de la Inglaterra de su tiempo. Lo que en aquélla se valora y ensalza, en ésta se critica y censura; aunque, por extensión, bien podría aplicarse a toda la Europa de principios del siglo XVI.

Al servicio de Enrique VIII

Enrique VIII subió al trono de Inglaterra en junio de 1509, con dieciocho años de edad. El pueblo suspiró aliviado al verse librado de la tiranía y despotismo que había caracterizado el gobierno del viejo Tudor. La entronización de Enrique fue recibida, pues, con gran alegría y entusiasmo optimista, y todo ello hacía presagiar un nuevo y alborozado amanecer en la historia de Inglaterra.

Por aquel entonces, el ascenso social de Thomas More sigue un proceso continuado. En 1510 fue designado representante en el primer Parlamento convocado por Enrique VIII, al tiempo que fue nombrado *under-sheriff* de la ciudad de Londres, cargo que desempeñó hasta 1518 y que consistía en ayudar al alcalde en todos los casos que afectasen a la jurisdicción municipal de la ciudad.

Asimismo fue contratado como *speaker*, o portavoz encargado de representar y defender los intereses del gremio de los comerciantes londinenses que trataban en paños y seda. Y también, aparte de otros cargos, se le nombró miembro de la Comisión de Paz de Hampshire.

Sus servicios y consejos eran requeridos y solicitados por los más diversos gremios y corporaciones, lo que ponía de manifiesto la mucha confianza que tenían depositada en sus cualidades y conocimientos. Su reputación como mediador prudente, leal e íntegro era merecida e indiscutida, por lo que en toda la ciudad de Londres se le tenía en gran aprecio.

A modo de síntesis, sobre su actividad como abogado y juez, escribió Erasmo: «Cuando aún vivía del ejercicio de su profesión como abogado daba a todos su consejo afable y sincero, preocupado más por el beneficio del cliente que por el propio. Normalmente persuadía a las partes de olvidarse del pleito, porque eso les iba a resultar más barato; si no lo lograba, por lo menos les mostraba cómo pleitear de la manera menos costosa, porque también hay personas que hasta se alegran cuando tienen pleitos. En Londres, su ciudad natal, ejerció muchos años como juez de lo civil... Nadie llevó tantos procesos a término, y nadie lo hizo de forma más incorruptible».

Toda esta actividad cultural y profesional desarrollada por el joven More no podía pasar desapercibida ante los ojos de Enrique VIII y del nuevo canciller del reino, el cardenal Thomas Wolsey.

Sí, sin ninguna duda, pensaba Wolsey; se hacía imprescindible que un hombre como Thomas More entrara al servicio directo de Enrique Tudor.

De este modo en 1518, y hasta 1521, ocupó More el cargo de *master of requests*, es decir, juez en el Tribunal de Demandas, organismo que se había instaurado —es uno de los pocos aciertos promovidos por el canciller Wolsey— para defender judicialmente a la gente pobre y sin recursos; un tribunal que seguía al rey en sus desplazamientos por todo el territorio inglés.

Durante aquellos años, tan frecuentes viajes dieron ocasión a Thomas More para conocer más y tratar con gran intimidad a Enrique Tudor y Catalina de Aragón. El rey, en su tiempo libre, gustaba de llamar a Thomas a su apartamento privado, y conversar con él sobre diversas cuestiones relacionadas con la teología, la astronomía, la geometría u otras materias; aunque también, en ocasiones, la conversación derivaba a asuntos más triviales.

Y como además de culto y erudito, Thomas era de trato agradable y cordial, después de que el Consejo hubiera terminado de comer, era frecuente que los reyes le hicieran llamar, para pasar de modo divertido y entretenido el tiempo de sobremesa.

Las invitaciones se fueron convirtiendo en costumbre, y More advirtió, no sin pesar, que en todo un mes no se le había permitido ir a casa para ver a su mujer e hijos, cuya compañía era lo que más deseaba. Y no podía ausentarse más de dos días sin que en la corte fuera reclamada su presencia. Fue, entonces, cuando decidió disimular su modo de ser y, poco a poco, mostrarse menos jovial, simpático y ocurrente, hasta que logró ser llamado con menos frecuencia.

La razón era bien sencilla. More quería de verdad a su mujer y a sus hijos, y los echaba de menos. Si las ausencias eran muy prolongadas, le preocupaba el temor de ser recibido un día, al volver a su casa, como se recibe a un desconocido. Así pues, atender y escuchar a la esposa, charlar con los hijos y conversar con los criados lo consideraba una importante «parte de mis ocupaciones —como escribió a su amigo Peter Gilles—, pues que lo considero necesario, a menos que quieras ser extraño en tu propia casa».

Desde que fue llamado a servir al rey, otra de sus funciones fue la de ejercer de secretario particular de Enrique VIII. Se ocupaba de enviar los frecuentes comunicados e instrucciones entre el rey y su canciller, referentes tanto a aspectos privados como a asuntos de política del reino o internacional, pues era el cardenal Wolsey quien controlaba el Consejo, al que rara vez asistía el rey.

La discreción y prudencia de Thomas More en un cargo donde tan fácil es tramar o dejarse llevar por intrigas cortesanas o políticas, y su propósito de no querer destacar ni ambicionar el poder, sino al contrario, permanecer en un segundo plano, le granjeó el respeto y la confianza de todos.

Como consejero real y secretario, Thomas More seguía siendo fiel a sí mismo. Su carácter y su personalidad, su concepto de política entendida ante todo como un servicio, y su amor por la verdad y la justicia, permanecieron inalterados.

En efecto, poco después de ser incorporado al Consejo real, el cardenal-canciller Wolsey habló de modo tan convincente de la necesidad de crear un oficio que tuviera como finalidad representar de modo exclusivo los intereses del rey, que atrajo para sí —en realidad, aspiraba a ocupar él mismo aquel cargo— el voto de muchos de los allí presentes. Ninguno de los miembros de la asamblea pudo o quiso objetar nada al respecto, hasta que le llegó el turno a More de exponer su parecer. Thomas, con claridad, se mostró en desacuerdo y razonó su opinión con tan fundados argumentos que el Consejo, al cabo, concluyó que el asunto debía posponerse y ser deliberado con más calma.

El canciller, viendo en peligro el cumplimiento de sus planes y dolido en su vanidad, le dijo a More:

—¡Qué, master More! ¿No os avergonzáis de contradecir el parecer de tanta gente noble y sabia, siendo como sois el último de todos en dignidad y condición? ¡A las claras dais muestras de ser un consejero estúpido e idiota!

More, sin incomodarse, le contestó:

—¡Demos gracias a Dios de que su majestad el rey solo tenga un idiota en su Consejo.

Los frecuentes viajes y las misiones diplomáticas no impidieron a Thomas More seguir en contacto con las personas que más quería: su mujer y sus hijos. Por esto les escribe cartas con frecuencia, y exige también que le escriban a menudo: «Cada uno de vosotros me vais a tener que escribir una carta casi a diario —les pide—. No hay excusas que valgan. No vale decir que os ha faltado tiempo, que el cartero ha salido precipitadamente o que no encontráis tema que comentar».

Asimismo, les insiste en que no se preocupen sobre cómo han de escribir, porque solo el hecho de recibir noticias suyas es lo que más le alegra y descansa: «Todo lo que salga de vuestra pluma, por rudo y basto que sea, me da mayor gozo que los escritos refinados». Y reitera en otra ocasión: «Lo que más me descansa es la lectura de vuestras cartas».

Aprovecha esta comunicación epistolar para interesarse por la marcha en la educación de sus hijos, que es otro de los deberes que considera ineludibles como padre de familia:

«Te pido, Margaret —escribe—, que me tengas al corriente de vuestros estudios. Preferiría renunciar a mis cargos y mis negocios, y con ello a mis ingresos, y dedicarme a mis hijos y a mi casa, a saber que algunos de los míos consintiera que sus fuerzas se debilitaran en la negligencia. A nadie de mi familia quiero más que a ti, dulce y pequeña hija».

Margaret siempre ocupó un lugar muy especial en el corazón del padre. Meg —como Thomas la llamaba cariñosamente— había salido muy parecida a él, tanto en carácter como en gustos, virtud e inteligencia. «Su virtud y su sabiduría me hacen quererla en especial», escribió de ella.

Con el paso de los años, solo a ella confiaría el encargo de lavar la camisa de pelo áspero que solía utilizar, pues con el roce sobre la piel se llegaba a empapar de sangre. Y a ella confiaría también sus más íntimos pensamientos y sentimientos, convirtiéndola en su confidente en aquellos días previos a su ejecución.

En mayo de 1521, y en reconocimiento de sus buenos servicios, Thomas More fue nombrado vicetesorero del reino, cargo de gran honor y muy bien retribuido; y pocas semanas después, fue ennoblecido con el título de *knight*, «caballero», con el que adquirió el tratamiento de «sir». Por esas fechas su hija Margaret se casaba con William Roper, que también ejercía la abogacía y era miembro del Parlamento.

El prestigio de Thomas More se iba consolidando cada vez más. De modo que, cuando el emperador Carlos V visitó Londres, sir Thomas fue el elegido para pronunciar el discurso de bienvenida en su recepción. Luego, en 1523, More fue designado *speaker* o portavoz del Parlamento, cargo que consistía en presidir y moderar los debates en la cámara de los Comunes y en hacer de enlace entre el pueblo y el rey. Y dos años más tarde, fue nombrado canciller del condado de Lancaster.

A tenor con su ascenso social, a finales de 1526 la familia More se instaló en Chelsea, a orillas del Támesis. La razón principal era que Thomas deseaba tener cerca de sí a todos sus hijos, con sus maridos o mujeres, y nietos, y la casa de Bucklersbury en Londres se había quedado ya pequeña. Y a una distancia prudencial del edificio principal, hizo también construir el *new building*, que ubicaba una capilla, una galería y una biblioteca. Aquí Thomas solía retirarse en busca de la ansiada soledad para el estudio o la oración.

Por estos años, era relativamente frecuente que el rey se presentase en la casa de Chelsea, en ocasiones sin anunciarse siquiera, para disfrutar de la conversación y compañía de Thomas More. Y, después de la comida, solían pasear juntos por el jardín amigablemente, tanto, que el rey solía poner su brazo sobre los hombros de Thomas.

En una ocasión, William Roper, su yerno, tan pronto como el rey se había marchado de una de estas improvisadas visitas, le comentó alborozado:

—¡Sir Thomas, qué felicidad y cuánto honor recibir y agasajar así tan familiarmente a su majestad!

—Es verdad, hijo —contestó—, que, gracias a Dios, encuentro a su majestad muy buen señor mío, y pienso que me favorece tan singularmente a mí como a cualquier otro súbdito de su reino. No obstante, hijo Roper, déjame que te diga que no tengo motivo para enorgullecerme, porque si con mi cabeza pudiera ganar un castillo en Francia... no dudaría en cortarla.

Y es que Thomas More no se hacía ilusiones acerca del favor real que, por el momento, disfrutaba. Sabía bien, y así se lo había demostrado la experiencia, que no había nada imposible que no pudiera ocurrir en este mundo y, en particular, del espíritu de rencor y autoritarismo que animaba a los Tudor.

En 1529, junto con Cuthbert Tunstall, obispo de Londres y luego de Durham, y John Hacket, participó en Cambrai en las negociaciones que pusieron fin a las hostilidades entre Francia y España. Estas conversaciones, que cristalizaron en un tratado de paz, supusieron un duro revés para la política que hasta entonces había defendido Enrique Tudor, haciendo ya superfluo el papel de Inglaterra como árbitro entre ambas potencias, al tiempo que dio al traste con las aspiraciones de Thomas Wolsey de alcanzar la dignidad papal a la que aspiraba.

No obstante, gracias a las gestiones de Thomas More y sus compañeros de embajada se consiguieron más beneficios para su reino de los que las actuales circunstancias permitían prever. Y, al fin, y esto era muy importante, las monarquías cristianas deponían las armas y se restablecía la paz. Muy satisfecho debió de quedar More con todo ello —y grande tuvo que ser su deseo de que esa paz fuera perpetua—, cuando quiso que, de entre todas las misiones diplomáticas en las que había intervenido, ésta de Cambrai quedara consignada en el epitafio que compuso para su tumba en la iglesia de Chelsea.

Como culminación de su carrera profesional, en octubre de ese mismo año de 1529, Thomas More fue nombrado lord canciller de Inglaterra, la más alta dignidad política a la que podía aspirar un hombre, convirtiéndose así en el primer laico que desempeñaba ese cargo.

El «asunto» del rey

Al principio de su reinado, Enrique VIII era un joven virtuoso, justo y liberal. Su encanto personal y don de gentes, junto con su exquisita educación cultural y musical, le granjearon la popularidad y estima de sus súbditos.

Su fidelidad a la Iglesia se puso de manifiesto al escribir —con el asesoramiento, entre otros, del obispo de Rochester y del propio Thomas More, que le ayudó a estructurar el libro— una *Defensa de los siete sacramentos*, en la que rebatía las opiniones de Martín Lutero y subrayaba el origen divino de la supremacía espiritual del Papa. El pontífice León X, en agradecimiento, concedió a Enrique VIII el título de «Defensor de la Fe».

Pero poco a poco, al entrar en los años de la madurez, el carácter de Enrique fue transformándose. Sus fracasadas pretensiones al trono de Francia, o su insignificante papel de árbitro en los conflictos entre las dos grandes monarquías del momento, Francia y España, le llevó a desentenderse cada vez más de las tareas de gobierno. Así, ocupado únicamente en llenar su ocio con diversiones, cacerías, y con la satisfacción de todos sus caprichos, fue poniendo de manifiesto un carácter impetuoso y violento; su voluntad debía ser acatada por encima de todo. Libre de las preocupaciones de Estado, su atención se centró exclusivamente en torno a un deseo insatisfecho: tener un hijo que le heredase. Y ese deseo de un descendiente varón que asegurase la sucesión del trono de Inglaterra acabó por convertirse en una obsesión.

Cuando en 1509 Enrique Tudor contrajo matrimonio con Catalina de Aragón, viuda de su hermano Arturo, que había muerto sin descendencia, mediaron no solo razones de Estado, sino también un amor sincero. Y para que estos esponsales pudiesen celebrarse, fue necesaria una bula, dispensada por el entonces papa Julio II, con la que se les desligaba de los lazos de parentesco, pues eran cuñados.

La reina Catalina —después de que varios hijos nacieran muertos o murieran al poco de nacer— le había dado al fin a Enrique una hija, María. Pero más tarde, tras otra serie de embarazos que no consiguieron llegar a feliz término, la esperanza de conceder al rey un hijo varón acabó por ser del todo imposible.

Así que Enrique Tudor, si quería tener un heredero, debía casarse con otra mujer. Para ello hacía falta, ante todo, obtener la nulidad de su primer matrimonio. De este modo, Enrique, que lo que quería era el divorcio, siguiendo las sutiles sugerencias de su canciller el cardenal Wolsey, siempre dispuesto a satisfacer los deseos de su monarca, confesaba vivir angustiado pues su conciencia le acusaba de estar casado con la mujer de su hermano, en abominable incesto. Y Dios castigaba su pecado de la manera más dolorosa: privándole de un heredero.

Buscaba el rey argumentos que apoyaran que su unión con Catalina no solo iba en contra de la ley de Dios sino también contra la misma ley natural, y eso en ningún modo —pensaba él— lo podía dispensar la Iglesia con ninguna bula.

—Mira esto —exclamó el rey a More, una de las primeras personas a las que quiso consultar sobre el asunto que tanto le atormentaba—, y compruébalo por ti mismo. Bien claro lo dejan las Sagradas Escrituras. Lee aquí, en el Levítico: «No descubrirás la desnudez de la mujer de tu hermano...» (18, 16). Y mira lo que dice más adelante: «Si uno toma por esposa la mujer de su hermano, es cosa impura..., quedarán sin hijos» (20, 21).

El rey volvió a insistir:

—También aquí, en el sagrado Evangelio de san Marcos. Escucha, escucha: «No te es lícito tener la mujer de tu hermano» (6, 18). ¿Qué te parece?

Thomas More ojeó los textos presentados, pero eludió dar su opinión alegando que él no era teólogo ni versado en derecho canónico, pues la cuestión afectaba al Derecho eclesiástico. No obstante, ante la insistencia reiterada del rey, acabó por comprometerse a estudiar el asunto detenidamente.

More buscó —a instancias del propio Enrique— el asesoramiento de Cuthbert Tunstall y John Clerk, obispos de Durham y de Bath, respectivamente, así como de otros destacados miembros del Consejo real.

Después de asesorarse con aquellas personas, y examinar las Escrituras y la doctrina de los Padres de la Iglesia, More regresó a la corte y se presentó ante el rey, diciéndole:

—Para ser honrado y sincero con vuestra majestad, ni milord de Durham ni milord de Bath, que son prelados inteligentes, virtuosos y expertos, ni yo mismo con los demás miembros de vuestro Consejo, a pesar de ser todos vuestros leales servidores, podemos ser, en este asunto, buenos consejeros. Pero si su majestad desea conocer la verdad, puede encontrar quienes os aconsejen rectamente y no intenten engañaros, ya sea por propio provecho o por miedo a vuestro poder...

Y expuso al rey, a partir de textos de la Sagrada Escritura y de la doctrina de los Padres de la Iglesia, entre otros, san Jerónimo y san Agustín, la opinión que se había formado después de tan exhaustivo estudio. Lo que allí se escuchó no fue, precisamente, del agrado de Enrique VIII, pues iba en contra de sus deseos, cuya exteriorización procuró disimular.

En realidad, y al amparo de escrúpulos de conciencia, lo que pretendía el rey era una declaración en toda regla de la invalidez de su matrimonio. Sobre todo, desde que se había enamorado apasionadamente de la ambiciosa y nada escrupulosa Anne Boleyn (Ana Bolena). Por su amor, Enrique estaba decidido a todo y a conseguirlo a cualquier precio. Y Bolena, que no se conformaba con ser una más de las amantes del rey, instigada por su padre, lord Wiltshire, daba largas a los deseos de Enrique mientras no llegara el día en que la convirtiese en reina de los ingleses.

Mientras tanto, el canciller Wolsey intrigaba y presionaba ante la Santa Sede —en secreto, pues temía la reacción del emperador Carlos V, sobrino de la reina Catalina—, para encontrar una rápida y favorable salida a la causa de Enrique.

Al fin, el papa Clemente VII delegó en el cardenal Lorenzo Campeggio, como representante suyo, y en el propio Thomas Wolsey para que estudiaran el asunto y alcanzaran un arreglo amistoso entre los esposos. Se procuró, pues, que Enrique, por su parte, desistiera de su pretensión de anulación matrimonial y, por otra, se intentó convencer a la reina de que ingresara en un convento. Pero fracasados ambos intentos, no quedó otro camino que instruir el proceso de disolución matrimonial invocado por Enrique.

Durante las sesiones, todo fueron presiones e intrigas encaminadas a influir de manera decisiva en el llamado «asunto» del rey.

En una de las sesiones, la reina Catalina hubo de presentase personalmente para defender sus intereses y rechazar la competencia del tribunal, al que acusó de estar al servicio del rey. Y en otra sesión, en la que Enrique acudió ante el tribunal para manifestar su firme lealtad a la Santa Sede, Catalina, de rodillas ante él, le imploró que se retractara de sus propósitos. Ésa fue la última vez que le vio.

También John Fisher, obispo de Rochester, declaró ante los jueces. Después de haber estudiado con profundidad el tema, afirmó que «el matrimonio entre el rey y la reina ninguna potestad humana o divina podía disolverlo», y se mostró dispuesto a defender el derecho y la honra de Catalina aunque le costase la vida.

El cardenal Campeggio, informado directamente por el mismo rey Enrique acerca de sus verdaderos propósitos de conseguir una dispensa favorable, optó, para no comprometer gravemente su conciencia, por alargar al proceso por lo menos, y dada la delicada situación en que se hallaba, hasta la firma de paz entre Francisco I y Carlos V, que se celebraba en Cambrai.

Cuando acabó el plazo establecido, el cardenal Campeggio, a quien se le urgía a que dictara sentencia, dijo durante su comparecencia:

—Con el fin de evitar todas estas dudas y ambigüedades, y como no estoy dispuesto a condenar mi alma, si Dios quiere, no llevaré adelante este asunto a menos que tenga sobre él criterio y opinión justas...

Un rumor de desaprobación primero y de manifiesto descontento después, agitó la sala.

—Por tanto, en conformidad con los tribunales de Roma —concluyó el representante del Papa—, del que este tribunal y jurisdicción derivan, el juicio queda por ahora aplazado.

El griterío fue en aumento. En medio de aquella agitación, la voz de Charles Brandon, hermano de Ana Bolena, resonó con nitidez:

—Nunca hubo alegría en Inglaterra —exclamó en un tono desafiante— mientras existieron cardenales entre nosotros.

Al rey, que desde un lugar oculto podía oír todo lo que se decía en la sala, aquello del aplazamiento no le gustó en absoluto. Si bien, con anterioridad, ya había tomado una firme resolución: «Si el Papa no lo anula, lo anularé yo mismo».

La dilación tampoco agradó al cardenal Wolsey que, habiendo fracasado en todas las gestiones relacionadas con el «asunto» del rey, no tardó en ser destituido de su cargo de canciller del reino.

La caída en desgracia de Wolsey fue tan vertiginosa como humillante y dolorosa. Acabó su vida consumido por los remordimientos y la vergüenza: «Si hubiese servido a Dios con la diligencia que he puesto en el servicio del rey —manifestaba con sentido pesar—, no me hubiera desamparado ahora que blanquean mis cabellos. Pero ésta es la justa recompensa que debo recibir por los afanes y diligencia mundana que me he tomado en satisfacer tan solo sus vanos placeres sin tener en consideración mis piadosos deberes».

Detenido en su diócesis de York, donde había ido a tomar posesión una vez destituido de su cargo político, Thomas Wolsey fue acusado de alta traición. Gravemente enfermo, le sorprendió la muerte a mitad de camino, en Leicester, mientras era conducido, para ser juzgado, a la prisión de la Torre de Londres.

Ciertamente, tuvo una muerte menos dolorosa que la que le esperaba en las horcas de Tyburn...

Thomas More, lord canciller de Inglaterra

Fue el 25 de octubre de 1529, en East Greenwich, cuando tuvo lugar la solemne ceremonia de entrega del gran sello de los Tudor y la imposición del collar dorado de canciller, que el mismo Enrique VIII quiso que se colocara sobre los hombros de sir Thomas More. Era la primera vez, en toda la historia de la institución, que el cargo recaía sobre un laico.

Al elegido le avalaba el hecho, sin lugar a dudas, de ser un hombre íntegro, culto y muy querido por las gentes, que ya había dado muestras de su valía, discreción y prudencia en las embajadas y misiones internacionales que había llevado a cabo en nombre del rey. Y precisamente porque More era un hombre honrado, el rey le otorgó el gran sello.

Pero también pesó en la elección de Thomas More, y dentro de ese ambiente anticlerical que se había avivado hasta la crispación a raíz de la dilación en la sentencia de la nulidad matrimonial del rey, el que el nuevo canciller fuera un laico, un hombre al margen de la jerarquía de la

Iglesia. Y el hombre más adecuado, por ecuánime, no era otro que sir Thomas More, caballero.

En esas circunstancias, a More no se le escapaba que Enrique VIII trataba de servirse de él para resolver su «asunto» o, cuando menos, para atraerle a su causa. No es sorprendente por tanto que, al principio, Thomas More rechazara la dignidad tan alta que se le ofrecía. Si aceptó fue porque lo consideró, sencillamente, su deber. Y el deber de todo súbdito de la época se traducía simplemente en obedecer a su rey, pues lo era por derecho divino.

Las felicitaciones y los efusivos elogios a su persona no difuminaron las sospechas y los temores que se agitaban en su interior. Así le escribe a Erasmo, haciéndole partícipe de sus íntimos desasosiegos:

«Algunos de mis amigos están llenos de alegría por mi nombramiento como canciller e incluso me felicitan. Pero tú, que sueles contemplar las cosas humanas con gran prudencia y discernimiento, ¿es posible que no te compadezcas de mi suerte? Yo trato de estar a la altura de las circunstancias, y me complace el gran favor y merced que me ha otorgado el rey. Y me esfuerzo todo lo posible para no defraudar las grandes esperanzas que ha puesto en mí; pero el talento y las demás cualidades, que en mi nuevo cargo me serían muy provechosas, me faltan por completo; por ello intento corresponder con la mayor diligencia posible, fidelidad y buena voluntad».

El talento y las cualidades que tan provechosas le podrían ser en su nuevo cargo no son otros que la ambición de poder y la ausencia total de escrúpulos.

Aquellos temores se vieron confirmados muy pronto, cuando poco tiempo después del nombramiento, Enrique Tudor le instó a reconsiderar su importante «asunto». Si bien el rey le declaró —salvedad que Thomas agradeció en lo más profundo de su alma— que de ningún modo hiciera o dijera nada que no creyera de acuerdo con su propia conciencia, puesto que debía mirar primero a Dios y después de Dios al rey.

Este consejo le produjo un gran alivio. Más aún: para salvaguardar su conciencia, y defenderse de los que le acusarían más tarde de desleal, siempre recordó estas palabras que, por otra parte, consideró «el consejo más justo y prudente que jamás monarca alguno enseñó a su servidor». Pero Enrique no era de aquellos que mantienen su palabra...

Thomas More consideraba que debía abstenerse de intervenir en el «asunto» por no ser la persona más apropiada, pues era competencia del Derecho eclesiástico, y era más prudente esperar, por tanto, a que la Iglesia se pronunciase.

De este modo, y con el beneplácito del rey Enrique, el canciller pudo dedicarse a trabajar en las tareas propias de su cargo. O sea, estudiar las peticiones y recursos que se dirigían a la corona y tomar las decisiones judiciales pertinentes junto con el Consejo real.

Y a estas tareas se dedicó en cuerpo y alma, porque el estado de abandono en que se encontraba la cancillería no podía ser más lamentable. Su predecesor, el cardenal Wolsey, tan ocupado en otros quehaceres, había dejado durante años y años que se fueran amontonando en las estanterías y llenándose de polvo peticiones, solicitudes y procesos pendientes todavía de resolución.

El trabajo en la cancillería fue agotador, y Thomas no concedió ni se concedió un momento de respiro. Hasta que llegó el día en que, al solicitar el caso siguiente para estudiarlo, recibió como respuesta que ya no quedaban más casos pendientes. Con un profundo suspiro, el canciller exclamó:

—¡Gracias a Dios que por una vez le llega el descanso a este atareado tribunal!

Y ordenó que se dejara constancia de ello en los registros de la cancillería.

Junto a la laboriosidad, sir Thomas More siguió también poniendo de manifiesto su agudo sentido de la justicia y su insobornable honradez. En cierta ocasión, en un juicio, puso la razón en favor de una viuda que pleiteaba contra el conde de Arundel. Esta viuda, llamada Crocker, que era bastante rica, para mostrar su agradecimiento se presentó luego en casa del canciller llevándole como regalo unos guantes... repletos de monedas de oro.

Al recibirlos, sir Thomas vació los guantes y, con una sonrisa, le dijo:

—Madam, sería una falta de galantería despreciar el regalo de Año Nuevo de una dama. Así que... me contentaré únicamente con los guantes.

En otra ocasión, en un pleito en que estaban enfrentados John Parnell y master Vaugham, More sentenció a favor del segundo. Algún tiempo después, la mujer de Vaugham se presentó en la casa de Chelsea. Le insistió que aceptase, como muestra de su agradecimiento, un magnífico regalo: una copa de oro.

Sir Thomas More tomó entre sus manos la valiosa copa, y luego ordenó a un criado que la llenase de vino. More bebió de ella.

—A su salud —brindó por la señora Vaugham.

—A su salud —contestó ella, correspondiendo al brindis y bebiendo también.

—Y ahora —le dijo— llévese la copa, y haga con ella el regalo de Año Nuevo para su marido.

En una época proclive a la corrupción y a la venalidad, en que los asuntos judiciales se archivan o se despachan con más o menos prontitud en función del dinero que se deje caer en las manos de los secretarios, abogados, etc., More no quiso que la justicia estuviera solo al alcance de los ricos, sino también de los pobres y de los desvalidos, de los que no pueden defender sus derechos por falta de medios. Y para facilitar el acceso a su tribunal a los que se sentían agraviados por el abuso de los poderosos, solía sentarse todas las tardes en el vestíbulo de su casa con las puertas de la calle abiertas de par en par, para que todo el que quisiera exponerle sus quejas y agravios pudiera hacerlo sin temor alguno.

Mucha confianza debía de inspirar More entre sus convecinos. Y muy humano debía de ser su trato y accesible su persona, para quienes se acercaban a su tribunal en busca de justicia, aunque fuera en asuntos de poca importancia.

Una vez se presentó en su casa una pobre mujer, que solía mendigar en Chelsea, reclamándole un perrillo que le habían robado. Lo había reconocido en brazos de uno de los criados de More, y exigió que se lo devolvieran. Lady Middleton, que se encontraba presente, se negó a devolverlo, asegurando que el animal era suyo, que se lo habían regalado.

Entonces, sir Thomas hizo que su esposa y la mendiga se colocaran, a cierta distancia, una frente a la otra. Y dijo:

—Alice, mujer, situaos aquí, a la entrada del vestíbulo. Y usted, buena comadre, poneos allá al fondo.

Sir Thomas se puso en medio de las dos, con el animal en sus brazos.

—¿Estáis de acuerdo —les dijo— en que decida yo el pleito que existe entre vosotras a causa de este perro?

Ambas respondieron que sí.

—Pues entonces que cada una de vosotras llame al perro por su nombre. Y a quien acuda, a ésa le pertenecerá.

Como el perrillo acudió a la llamada de la mendiga, se lo entregó a ella.

La anciana quedó muy satisfecha; solo buscaba lo que le correspondía en justicia.

Luego, sir Thomas le pidió que regalase el perrito a Alice. La mendiga se lo entregó con mucho gusto, y Thomas le dio a la pobre mujer una corona. La mujer aún le quedó más agradecida por su generosísima limosna.

Sir Thomas More no cambió de conducta ni de hábitos, ni siquiera en su modo de vestir, al ser elevado a la cancillería del reino. Amante de la discreción, no quería distinguirse en su apariencia de los demás hombres, evitando el singularizarse. En su aspecto exterior, aparecía con el honor propio de un hombre de su posición.

Asimismo siguió con sus habituales prácticas piadosas y otras devociones y costumbres que alimentaban de amor de Dios su vida cristiana.

En cierta ocasión, Thomas Howard, duque de Norfolk, gran amigo suyo, fue invitado a comer a la casa de More. Como le informaron de que se encontraba en la iglesia de Chelsea, fue hasta allí a buscarlo. Lo descubrió cantando en el coro. Una vez terminados los oficios, se dirigieron hacia la casa cogidos del brazo.

Por el camino, el duque, como recriminándole su modo de actuar, le dijo:

—¡Por el cuerpo de Cristo! ¡Por el cuerpo de Cristo! El lord canciller, ¡haciendo de sacristán! Deshonráis al rey y al cargo.

A lo que replicó sir Thomas, sonriendo:

—¡De ningun modo! Milord no puede pensar que el rey, que es vuestro señor y mío, quedaría ofendido conmigo, o que sea una deshonra al cargo, por servir a Dios, que es su Señor.

Era su costumbre, cuando estaba en casa, además de cumplir con sus devociones privadas, recitar con sus hijos cada día los siete salmos penitenciales, seguidos de la letanía de los santos y los sufragios. Y cada noche, antes de retirarse a descansar, se reunían todos en la capilla para rezar algunos salmos. Los viernes, desde la mañana hasta la noche, los empleaba exclusivamente en oraciones y ejercicios espirituales.

Era muy generoso en sus limosnas con la gente más pobre y humilde; y cuando no podía hacerlo personalmente, enviaba a los de su casa a dar esa ayuda, ayuda que se extendía también a los enfermos y ancianos, a quienes acostumbraba visitar.

Solía invitar a comer a su casa a personas necesitadas, y no pasaba una semana en que no acogiera a un enfermo para que estuviera mejor atendido. En Chelsea alquiló una casa grande —de cuyo cuidado y mantenimiento se encargaba su hija Margaret—, para recoger a los enfermos y ancianos, y todo lo pagaba de su propio bolsillo.

Entre tanto, a punto de expirar el año 1530, las campañas en contra de la Iglesia se hicieron más rigurosas. Y detrás de ellas estaba la actitud despótica de Enrique VIII. Persuadido de que nunca obtendría la nulidad de su matrimonio por vías legales, decidió jugar sus propias bazas: de este modo fue tomando cuerpo la separación de la Iglesia de Inglaterra con respecto de la Iglesia de Roma.

Para empezar, en el Parlamento, llamado de la «Reforma», se presentaron varias propuestas para restringir, cuando no cortar de raíz, los privilegios y beneficios eclesiásticos. Pero ya fuera por temor a las represalias, ya fuera por simple y llana cobardía —a excepción de Cuthbert Tunstall y John Fisher, obispos de Durham y Rochester, respectivamente— ningún miembro más de la jerarquía eclesiástica se opuso a las amenazas. Y así fue como Enrique Tudor vio a todo los obispos sometidos a su persona. Y fue entonces cuando, además, les exigió que le aceptasen como Cabeza Suprema de la Iglesia en Inglaterra.

En febrero de 1531, la jerarquía eclesiástica inglesa acabó por dar su aprobación y consentimiento a un texto en el cual se exponía y afirmaba que Enrique VIII era «su singular protector, único y supremo señor, y también, en cuanto lo permite la ley de Cristo —salvedad propuesta por el obispo Fisher, y que no tardaría en ser eliminada— como su Cabeza Suprema».

Ante aquellas injustas medidas que iba aprobando el Parlamento, Thomas More no podía permanecer indiferente. Incluso su mera presencia podía ser interpretada como una aprobación implícita a los planes de Enrique. Sus pesadumbres se vieron complicadas por una dolencia maligna que se le había declarado en el pecho, y que los médicos diagnosticaron como incurable:

«Realmente me sentía muy mal —explicó luego a Erasmo, como desahogo—, y probablemente habría empeorado de día en día de haber seguido llevando la carga de canciller. El médico no quería garantizar una mejoría en mi salud, en el caso de que no me retirara por completo; y ni siquiera con un cambio de las circunstancias se atrevía a prometerme una curación completa».

Tan exhausto le dejaba el dolor, que llegó a pedir al duque de Norfolk que intercediera ante el rey para que aceptara relevarlo de su cargo:

«Reconocí —continúa diciéndole a Erasmo— que evidentemente tenía que dimitir, si no quería cumplir mal mis deberes; y comprendí que si quería cumplirlos arruinaría del todo mi salud. Probablemente hubiera sucumbido al mal, y tampoco hubiera podido seguir siendo canciller. No quería perder vida y cargo de un golpe, y por eso pedí mi dimisión».

Pero el rey se resistía a aceptar su renuncia. No estaba dispuesto a prescindir de un hombre de su valía —su prestigio era reconocido en toda Europa—, ya que podía serle todavía útil para sus intereses personales.

En marzo de 1532, a incitación del oportunista Thomas Cromwell, el anterior secretario de Wolsey y ahora del rey Enrique, la cámara de los Comunes, en su mayoría decididamente anticlerical, presentó a la corona una *Supplication* («Petición»), una lista de quejas y agravios causados por las leyes eclesiásticas. Ante este nuevo ataque, los obispos solicitaron la mediación del rey como árbitro entre las dos partes. Enrique aprovechó la ocasión para someterlos por completo a su voluntad. Hizo llamar a su presencia a ocho representantes de la cámara de los Lores, a doce de la cámara de los Comunes y al *speaker*:

—Muy amados súbditos —dijo en tono falsamente dolido, que escondía una velada amenaza—; en verdad, creíamos que los clérigos de nuestro reino eran enteramente súbditos nuestros, y ahora vemos claramente que solamente lo son a medias. No, ni siquiera a medias, pues apenas si hay súbditos nuestros. Porque todos los clérigos, al consagrarse, prestan un juramento al Papa que contradice al juramento que a nosotros se nos hace. De manera que parecen ser más súbditos de aquél que nuestros...

El discurso produjo su efecto. El clero no tardó en claudicar, y presentó —apenas si transcurrieron unos pocos días— el documento de la *Submission* («Sumisión»), por el que se delegaba a la persona del rey el poder legislativo en materia eclesiástica, reconociéndole como Cabeza Suprema de la Iglesia en Inglaterra.

Vanos fueron los intentos de sir Thomas More y de John Fisher, además de algún que otro obispo, para evitar que tales medidas fueran aprobadas. Esta oposición provocó las iras del rey, en especial contra su canciller. De manera que a la mañana siguiente, 16 de mayo de 1532, le fue aceptada a sir Thomas More la renuncia al cargo. Acto seguido, More puso en manos del rey el gran sello de los cancilleres.

Su familia ignoraba por completo el asunto de la renuncia. Sir Thomas More aprovechó el siguiente domingo, una vez terminada la misa en la parroquia de Chelsea, para poner al corriente de ello a su esposa Alice. Con humor, jugando con el sentido de las palabras, aunque bien temía que su esposa no lo comprendiera a la primera, se dirigió hacia el asiento que ocupaba:

—Madam...

Alice Middleton, levantó los ojos de su libro de oraciones y no vio al acostumbrado caballero que, en privilegio de ser la esposa del lord canciller, le avisaba cuando su marido la aguardaba a la salida de la iglesia con la consabida fórmula de «Madam, mi lord ya se ha ido»...

—¡Master More...! —exclamó Alice, sorprendida.

—Madam —le anunció el propio Thomas haciendo una profunda reverencia—, milord ya se ha ido.

A contracorriente

La economía familiar, sin los sustanciosos ingresos que llevaba consigo el cargo de canciller, se vio reducida a las exiguas rentas de sus tierras y a una pensión de cien libras anuales.

Thomas More tuvo que desprenderse de sirvientes y criados, puesto que ya no había dinero para mantenerlos. Pero no los abandonó sin más a su suerte, sino que procuró y buscó que pasaran al servicio de otros señores.

La barca que solía transportarle río abajo hasta Westminster, junto con sus ocho remeros, pasó al servicio del nuevo canciller, lord Thomas Audley; y otros pajes y criados fueron recolocados en las casas de otros nobles señores.

Con todo, la situación económica llegó a ser tan delicada que More reunió a toda la familia y les informó sobre las dificultades de llevar él solo el gasto de todos, como hasta entonces había hecho:

—Mis ingresos anuales alcanzan en este momento a poco más de cien libras —les dijo con toda claridad—.

Así que, a partir de ahora, si queremos vivir todos juntos, debemos contribuir todos por igual.

En tan precarias circunstancias, se tuvo que llegar incluso al extremo de vender algunas joyas y objetos de valor. La casa de Chelsea, aquí y allá, fue mudo testigo, en su progresivo desmantelamiento, de una más que notable penuria.

Por la mente de More volvieron a desfilar los rigores y carencias de sus años transcurridos en Oxford y en los Inns, aquellas residencias de estudiantes. Si en los años de juventud había pasado de los niveles más bajos hasta los más altos, ahora el proceso volvía a repetirse pero al revés.

—Me parece que para nosotros —les dijo— no será lo mejor empezar por el nivel más bajo. Por tanto, no bajaremos al nivel de Oxford ni al nivel de New Inn, sino que empezaremos con la dotación del Lincoln's Inn, en la que perfectamente viven muchas personas de gran dignidad y de edad avanzada.

Thomas buscó en los ojos de los que le escuchaban su aprobación.

—Si vemos —prosiguió— que no somos capaces de mantenernos el primer año, entonces iremos a un nivel más bajo el año siguiente, al de New Inn, en donde muchos hombres honrados se sienten más que contentos. Si éste también excede nuestro poder monetario entonces, al año siguiente, descenderemos al nivel de Oxford, en el cual muchos serios, doctos y venerables sacerdotes llevan ya viviendo así durante mucho tiempo.

De esta manera les alentaba a afrontar con gran entereza y ánimo las dificultades y restricciones que trajo consigo la nueva situación de pobreza, en la que incluso llegó a faltar la carne, la leña y otros artículos de necesidad.

—Y si nuestras posibilidades no alcanzan a mantenernos —concluyó—, siempre podremos, con sacos y zurrones, salir todos juntos a mendigar esperando que, compadecidos de nosotros, las buenas gentes nos den de su caridad, e iremos cantando de puerta en puerta el *Salve Regina*, y así podremos seguir todos juntos, unidos y alegres.

Había llegado el momento de poner en práctica las enseñanzas que había inculcado a sus hijos desde que eran niños: «Al cielo no se va en lecho de plumas», solía decirles, sino por el desprendimiento y la aceptación gustosa, por amor a Dios, de las privaciones que puedan sobrevenir.

El futuro inmediato se presentaba lleno de temores y congojas. En Thomas More, junto al sufrimiento moral se vino a unir también el sufrimiento físico de la enfermedad. Aquel dolor en el pecho, que se le había declarado meses atrás, parecía ahora haberse agudizado de un modo intenso.

En esta situación, tampoco faltaron las calumnias y las difamaciones difundidas por los herejes y los partidarios del rey —insidias promovidas de modo especial por lord Wiltshire, padre de Ana Bolena— relativas a la honradez e integridad del ex canciller. Pero ante la rectitud y el talante insobornable que siempre caracterizó el modo de actuar de Thomas More, y que se puso de manifiesto una vez más en todo aquel proceso de difamación, hicieron que las acusaciones no pudieran prosperar.

Fue entonces cuando, reuniendo los pocos ahorros que pudo, mandó construir un sepulcro e hizo trasladar a la iglesia parroquial de Chelsea los restos mortales de su primera mujer. En una gran lápida de mármol hizo grabar el epitafio dedicatorio de la familia, que viene a constituir un resumen de su vida, para dejar constancia de la auténtica verdad —y ya de un modo indeleble— de su paso por la tierra.

También le causa profunda pesadumbre la labor de los protestantes, cuya doctrina envenenada se esparce con inusitada rapidez. Sus esfuerzos por defender —ya sea de un modo u otro, con cartas, breves, ensayos...— la verdadera fe y contrarrestar el influjo de los herejes se han redoblado.

Llevado por su amor a la Iglesia y a la verdad revelada, Thomas More pasa noches enteras, a pesar de su quebrantada salud y del intenso dolor que padece en el pecho, volcado afanosamente sobre los libros para argumentar contra los errores de cismáticos y herejes. En sus escritos se observa la precipitación, la prisa angustiosa del hombre que no da abasto en restañar las numerosas heridas que se infligen al cuerpo de Cristo, que es la Iglesia. Ardua empresa que More ha cargado sobre sus hombros, en última instancia, sólo para la «gloria de Dios».

Algunos obispos se dan cuenta de ello, y deciden agradecerle de algún modo sus esfuerzos y desvelos.

Por eso, cierto día, Cuthbert Tunstall, obispo de Durham, John Clerk y John Veysey, obispos de Bath y de Exeter, respectivamente, se presentaron en su casa de Chelsea con la intención de retribuirle con una compensación económica —no tan elevada como sus merecimientos requerirían, «teniendo, dijeron, que reservar eso solamente a la generosidad de Dios»—, por sus esfuerzos en defender la doctrina verdadera.

—Sir Thomas —dijo Tunstall—, queremos, en nombre de la Iglesia, presentaros nuestro agradecimiento por la defensa que del honor de Dios estáis llevando a cabo en estos tiempos tan difíciles.

—Gracias, milores, por vuestra generosa y amigable consideración —contestó Thomas—, pues no es pequeño consuelo que hombres tan doctos y sabios acepten de buena gana mis pobres esfuerzos. Pero no deseo recibir otro premio que el que pueda recibir de manos de Dios.

—En efecto, sí... —insistió Tunstall—, pero nos sentiríamos muy honrados si aceptarais, sin pretender ofenderos, esta recompensa que, por otra parte, merecéis en justicia.

—Al menos haced llegar este dinero a vuestra mujer y a vuestros hijos —terció el obispo de Exeter.

—De ninguna manera, milores —respondió Thomas, sonriendo—. Antes preferiría ver todo ese dinero arrojado al Támesis que yo o alguno de los míos se quedara con un solo céntimo. Porque aunque vuestro ofrecimiento es realmente honorable y amistoso, he atendido más a mi placer que a mi beneficio.

—Es una suma de cinco mil libras... —intervino Clerk.

—Con sinceridad os digo —le interrumpió Thomas antes de que pudiera acabar la frase— que ni por todo ese dinero ni por mucho más, habría perdido el descanso de tantas noches de sueño como he gastado. Sin embargo, y con todo ese esfuerzo, cuánto desearía que todos mis libros fueran quemados y mi trabajo completamente perdido con la condición de que todas las herejías fueran suprimidas.

Los herejes, no obstante, habían hecho correr la voz de que Thomas More se había vendido al clero, y de que escribía en defensa de la Iglesia de Roma simplemente por dinero.

A finales de mayo de 1533, el nuevo arzobispo de Canterbury, Thomas Cranmer, antiguo embajador del rey y defensor de la causa de Enrique VIII, arrogándose para sí el título de legado de la Sede Apostólica, convocó un tribunal especial y declaró nulo el matrimonio habido entre Enrique Tudor y Catalina de Aragón. Declaración hecha de cara a la galería, porque Enrique se había casado en secreto con Ana Bolena el 25 de enero, cuatro meses antes.

Y para el primero de junio se anunció la solemne coronación de Ana Bolena como reina de Inglaterra en la abadía de Westminster. Con ello, se desafiaba abiertamente a la Iglesia y al Papa, que aún no se había pronunciado sobre el caso.

Dos días antes del magno acontecimiento, llegó a manos de Thomas More, para su sorpresa, una invitación de los obispos de Durham, Bath y Winchester proponiéndole que formara parte del solemne cortejo que acompañaría a Ana Bolena desde la Torre de Londres hasta la catedral de Westminster, invitación que venía acompañada con veinte libras para que, dada su precariedad económica, pudiese comprarse una toga nueva para la ocasión.

Todavía el día de la víspera de la coronación, dichos obispos se presentaron en la casa de Chelsea para convencerle personalmente —pues era una insensatez provocar las iras del rey— de la conveniencia de su asistencia. Thomas More volvió a rechazar la invitación: no deseaba que su presencia al acto diera pie a que pudiera interpretarse como una aprobación del nuevo matrimonio del rey.

Y como explicación de su postura, les contó la siguiente anécdota:

—Milores —dijo—, un emperador, que sentía una gran admiración por la virginidad, había promulgado una ley según la cual cualquier persona que cometiera el delito de... (William Roper, que es quien relata el suceso no recuerda este detalle) debería sufrir el castigo de la muerte, a no ser que fuera virgen. Ocurrió, pues, que la primera persona que cometió ese delito era virgen. Cuando se lo comunicaron, el emperador quedó muy perplejo porque deseaba poner esa ley en ejecución con algún ejemplo. Después de que su Consejo llevara mucho tiempo discutiendo seriamente sobre qué hacer en este caso, de repente se levantó uno de sus miembros —un hombre sencillo, de entre todos ellos— y dijo: «¿A qué tantos quebraderos de cabeza, señores míos, sobre un asunto tan insignificante? ¡Que la desfloren primero y así podrá luego ser arrojada a las fieras!»

Después de una breve pausa, More continuó:

—De igual manera, aunque vuestras señorías se han mantenido hasta ahora vírgenes puras en este asunto del matrimonio del rey, debéis ir con mucho cuidado para seguir conservando la virginidad. Porque no faltará quien procure que primero hagáis acto de presencia en la coronación, y que luego prediquéis para proclamarla, y finalmente que escribáis libros para todo el mundo defendiéndola, para terminar... desflorándoos. Y una vez que os hayan desflorado, no tardaréis en ser devorados.

Cuando se marchaban les dijo:

—Milores, no está en mi poder el que me devoren o no me devoren. Pero con la ayuda de Dios, mi Señor, ¡procuraré tener mucho cuidado de no ser jamás desflorado!

Los obispos no siguieron el consejo. Y los temores de sir Thomas More se vieron tristemente cumplidos muy poco tiempo después.

El día de la solemne consagración de Ana Bolena como reina de Inglaterra, todos los ojos se centraron en ella; pero también todos pudieron constatar que sir Thomas More fue la única personalidad importante del reino que no había acudido a la fausta ceremonia.

El cerco se estrecha

Un mes más tarde, en julio de 1533, el papa Clemente VII declaró válido el matrimonio de Catalina de Aragón. Enrique Tudor debía, por tanto, volver a reconocer a Catalina como esposa bajo pena de excomunión.

Ante el temor de que se produjeran nuevos y graves conflictos, se hicieron gestiones para volver a instruir la causa matrimonial. Pero Enrique VIII dejó bien claro que sólo respetaría la autoridad pontificia a condición de que Clemente VII se retractara de la sentencia y aprobase su matrimonio con Ana Bolena.

En este clima de crispación salen a la luz pública los *Nueve Artículos*, en los que se declaraba la postura oficial acerca del segundo matrimonio del rey, al tiempo que se acusaba al Papa de hereje y de ilegítima su autoridad.

Thomas More, que se había convertido en persona «non grata», sin pretenderlo se vio implicado en este asunto. Una de sus obras, en que defendía la doctrina de la Iglesia, fue publicada coincidiendo con los *Nueve Artículos*. Y se le acusó de escribir contra la publicación de los *Artículos*, que había sido alentada e impulsada por el mismo Enrique VIII.

Y también, y esto era más grave, se le acusó de estar implicado en el desafortunado «caso de la monja de Kent».

Elizabeth Barton, religiosa benedictina de Canterbury en el condado de Kent, mujer piadosa y con fama de santidad, afirmaba haber tenido diversas «revelaciones sobrenaturales» relativas a los castigos y calamidades que sobrevendrían sobre Inglaterra si el rey Enrique se casaba con Ana Bolena y la pronta muerte de éste. Estas revelaciones adquirieron pronto un matiz político, pues no tardaron los partidarios de la reina Catalina en difundirlas aún más.

El secretario real Thomas Cromwell, pretendiendo acallar de manera definitiva los comentarios desfavorables que sobre el matrimonio del rey circulaban, constituyó un tribunal al que fueron citados todos aquellos que habían tenido alguna relación con la monja de Canterbury.

En el juicio, fueron acusadas de delito de alta traición no solo ella, sino también las personas más próximas a su círculo de influencia; y otro grupo, entre el que se encontraba el obispo John Fisher, fue acusado de delito de encubrimiento. A éstos se les reservaba la cárcel y la confiscación de bienes; a aquéllos, la pena de muerte.

En la lista de imputados no estaba el nombre de Thomas More. Fue el propio Enrique el que insistió para que su nombre apareciera en la nómina de acusados. En una serie de cartas dirigidas a Cromwell y al rey, Thomas More deja clara su postura y su relación con Elizabeth Barton, que no fue más allá del aspecto puramente espiritual.

Pero a partir de los primeros meses de 1534, el cerco a que es sometido Thomas More se estrecha cada vez más. En las sesiones del Parlamento, se aprueban toda una serie de leyes encaminadas a separar la Iglesia Anglicana de toda relación con la de Roma y a entronizar a Enrique VIII como cabeza de la Iglesia de Inglaterra.

La decisión legal de mayor trascendencia en ese sentido es la Ley de Sucesión (*Act of Succession*). En ella se trata de los efectos que el nuevo matrimonio del rey tendría entre sus súbditos; y en última instancia, venía a ser una declaración de independencia con respecto de la Iglesia de Roma.

Los ciudadanos fueron obligados a jurar reconocimiento y obediencia a aquellos principios. Quienes negaran la validez del nuevo matrimonio, serían acusados de alta traición, lo que significaba la pena de muerte de inmediato; quienes dudasen o pusieran objeciones, cometerían traición, con la consiguiente pena de encarcelamiento por un tiempo limitado y a criterio del rey, y la confiscación de sus bienes.

Como el nombre de Thomas More aparecía en el decreto de incriminación en el caso Elizabeth Barton enviado a la cámara de los Lores el 21 de febrero de 1534, More pidió defenderse personalmente ante los representantes de dicha cámara. Pero no se accedió a su petición. Por el contrario, Enrique Tudor dispuso que More diera cuenta de su actuación ante una comisión formada por Thomas Cranmer, obispo de Canterbury, lord Audley, canciller del reino, el duque de Norfolk y el secretario real Cromwell.

Durante la comparecencia, cosa extraña, no se mencionó a la monja de Kent ni su supuesta vinculación con ella. Sí se le apremió a que, en correspondencia a los numerosos y grandes favores recibidos, y como una muestra de gratitud, diera su consentimiento favorable —pues ése era su deber—, «a lo que el Parlamento, los obispos y las universidades habían aprobado» con respecto a la anulación del primer matrimonio del rey.

More replicó que el rey, en su momento, le había dejado en libertad para seguir una opinión que no fuera en contra de su conciencia, aconsejándole además que, en eso, «debía primero mirar a Dios y después de Dios, a él».

Viendo los comisarios que así no iban a disuadirle de su actitud, pasaron a las amenazas, avisándole de lo que le podía acaecer si caía en completa desgracia ante el rey.

Ahora ya no le acusaban de complicidad en el caso de la monja de Kent, sino de ser un servidor infame y un traidor; pues años atrás fue él mismo, Thomas More, el instigador en la publicación de la *Defensa de los siete sacramentos*, obra en que apareció como autor Enrique Tudor, y en la que sostenía la autoridad del Papa por encima de la del rey, «causando de esta manera —decían los comisarios— su deshonra en toda la Cristiandad al poner en las manos del Papa una espada para luchar en contra suya».

Cuando terminaron de enumerar las calamidades y terrores que podían caer sobre su cabeza, el ex canciller, sin perder la calma, contestó:

—Milores, estas amenazas son buenos argumentos para niños..., pero no para mí.

Y se defendió argumentando que fue él, precisamente, quien le hizo al rey la observación de que la autoridad del Papa estaba, en el libro, excesivamente ensalzada: «Es mi deber recordar a vuestra alteza —le dijo entonces, y repitió ahora a los comisarios— que el Papa, como vuestra alteza sabe, es un soberano como vos, y en alianza con otros soberanos cristianos. Puede ocurrir que, en algún momento, vuestra alteza y él disientan sobre algunos puntos de la alianza, de donde puede resultar una ruptura de la amistad e incluso la guerra entre los dos. Por lo tanto, me parece que lo mejor sería que ese pasaje sea enmendado y su autoridad tratada de una manera más tenue».

Y también les recordó la respuesta que le había dado su majestad: «De ninguna manera, no haremos nada de eso —le había dicho—. Tan obligados estamos a la Sede de Roma que nunca es demasiado cuando la honramos».

Una vez acabado el interrogatorio, los comisarios permitieron que se fuera libremente.

Thomas More salió del juicio satisfecho por haberse mantenido fiel a lo que su conciencia le dictaba. Luego regresó en una barca, Támesis arriba, hasta su casa de Chelsea.

Su yerno Roper, que le esperaba con impaciencia en el embarcadero, observando la felicidad y el contento que reflejaba el rostro de Thomas, le preguntó si su alegría se debía a que todo había salido bien.

—Así es en verdad, hijo Roper, gracias a Dios —contestó More.

—Entonces, ¿os han dispensado, sir, del decreto del Parlamento? —insistió Roper, mientras paseaban por el jardín.

—La verdad, hijo Roper —respondió Thomas—, es que... ni siquiera me he acordado de eso.

—¿Que no os habéis acordado? ¿Un asunto que os toca tan de cerca? ¡Mucha pena me da oírlo! Pues, la verdad, al veros tan contento, confiaba en que todo había salido bien —dijo algo confuso Roper.

—¿Quieres saber por qué estaba tan alegre?

—Me gustaría mucho saberlo, sir.

—Estoy satisfecho porque he puesto la zancadilla al diablo, pues he ido tan lejos al responder a esos lores que, sin gran deshonra y vergüenza de mi parte, ya no puedo volverme atrás.

Cuando el rey fue informado por el lord canciller del resultado de la entrevista mantenida con More, se enfureció terriblemente. Los consejeros a duras penas lograron calmar a Enrique —lord Audley tuvo que suplicárselo de rodillas—, hasta que le hicieron ver que un juicio contra el ex canciller, sin plenas garantías de salir airosos, podría ser contraproducente dado su prestigio y popularidad.

Poco tiempo después, Thomas Cromwell coincidió con William Roper en el Parlamento. El secretario le comunicó que el nombre de su suegro había sido definitivamente borrado del acta de imputación.

No corrieron la misma suerte Elizabeth Barton y sus seguidores, que fueron ejecutados por traidores en las horcas de Tyburn, el 21 de abril de 1534. Después de ser ahorcados, aún con un hálito de vida, cortaron las cuerdas, abrieron sus cuerpos y extrajeron las entrañas para quemarlas; luego, les cortaron la cabeza y sus cuerpos fueron descuartizados.

A través de su hija Margaret, Thomas More se enteró de que su nombre no aparecería en la lista de imputados. La alegría que ella le mostró al anunciarle la buena noticia contrastó con el seco comentario que éste le dio por respuesta:

—En verdad, Meg, *quod differtur non auffertur*, aplazar no es anular —repuso Thomas, de un modo lacónico y triste.

Sir Thomas More intuía, sin temor a equivocarse, que ya había sido sentenciado a muerte. Sólo era cuestión de tiempo.

Intuición que volvería a repetirse poco después, cuando, en una conversación privada con el duque de Norfolk, éste le comentó:

—¡Por todos los santos, master More, es muy peligroso oponerse al soberano! A mí me alegraría mucho que cedierais en algo a los deseos del rey... ¡Por el cuerpo de Cristo, master More, *indignatio principis mors est*!

—¿Eso es todo, milord? —respondió More, pensando en el carácter irascible y violento de Enrique Tudor—. ¿Que la indignación del rey significa la muerte? Pues, entonces, entre su gracia y yo hay solo una diferencia, que yo moriré hoy y vos moriréis mañana.

La batalla está ganada

A finales de marzo de 1534, todos los miembros del Parlamento juraron y prestaron fidelidad a la Ley de Sucesión. Después, todos los súbditos del reino debían hacer lo mismo. ¿Utilizaría, ahora, Enrique Tudor la fuerza para obligarle a jurar la Ley de Sucesión?, se preguntaba Thomas More. La respuesta no tardaría en llegar con los acontecimientos...

El domingo siguiente a la fiesta de la Resurrección del Señor, 12 de abril, More y su yerno Roper fueron a oír misa en la iglesia de Saint Paul, y a la salida, aprovecharon para visitar a su hija adoptiva Margaret y a su marido John Clement, que vivían en su antigua casa de Bucklersbury. Fue allí donde los emisarios del rey le encontraron y entregaron una citación para que compareciera a la mañana siguiente en el palacio de Lambeth para prestar, ante una comisión real, juramento a la Ley de Sucesión.

Al día siguiente, se levantó temprano. Fue a misa, y se confesó y comulgó —como solía hacer en los grandes o graves acontecimientos de su vida—. Después, se despidió de su mujer y de sus hijos y, para evitar escenas de dolor, no permitió que nadie le acompañase ni siquiera hasta el embarcadero. Solo consintió que le acompañara su yerno William Roper.

Al principio del trayecto Thomas More se mostró ensimismado y silencioso, con el semblante triste, como si librara en su interior una incruenta, pero no por eso menos dolorosa, batalla.

Solo se oía el cadencioso chapotear de los remos en el agua.

Y de pronto, con el rostro sonriente, susurró al oído de su yerno:

—Hijo Roper, doy gracias a Dios porque la batalla está ganada.

—Sir, me alegro mucho —respondió Roper por cortesía, porque no entendió el sentido de aquellas palabras.

Más tarde pudo comprender que no se refería a que había superado los negros presagios y terrores que pudieran acaecerle, sino a que se había determinado firmemente a recorrer, en conformidad con el querer de Dios, aquel camino de dolor que presagiaba.

Una vez en el palacio arzobispal de Canterbury, More fue el primero de los convocados en ser llamado ante los miembros de la comisión, que estaba integrada por Thomas Cranmer, arzobispo de Canterbury, lord Audley, canciller del reino, Thomas Cromwell, secretario del rey, y William Benson, abad de Westminster, y se le informó oficialmente de que había sido citado para prestar juramento a la Ley de Sucesión.

Sir Thomas se mostró sorprendido de que fuese él el único laico que había sido convocado —todos los demás eran clérigos— por la comisión encargada de recibir el juramento.

Thomas More solicitó la fórmula del juramento para examinarla, y se la mostraron escrita bajo el gran sello. Después pidió la Ley de Sucesión, que igualmente accedieron a entregarle en un rollo impreso. Comparó detenidamente ambos documentos y, al cabo, exclamó:

—No es mi intención criticar la ley o a su autor, ni tampoco el juramento o a ninguno de los que lo han aceptado..., ni condenar la conciencia de ningún otro hombre. Pero por lo que a mí se refiere, aunque no me oponga a jurar la Sucesión, no puedo aceptar el juramento que aquí se me ofrece sin exponer mi alma en peligro de condenación eterna.

Y devolviendo los documentos, continuó:

—Y si consideran, milores, que mi rechazo al juramento se debe tan solo a un capricho o a simple escrúpulo de conciencia, estoy dispuesto a dar satisfacción en eso con un juramento. Aunque si no están dispuestos a dar credibilidad a ese juramento, ¿qué sentido tendría cualquier otro tipo de juramento? Pero si confían en mi honradez, entonces yo también, milores, quiero confiar en vuestra bondad y no han de forzarme a dar el juramento que se me ofrece, pues saben bien que hacerlo va en contra de mi conciencia.

Thomas More estaba dispuesto a aceptar con juramento la Ley de Sucesión, admitir como herederos del reino a los descendientes de Ana Bolena, o a quienes fuesen, porque entraba dentro de la ley civil y de la competencia del Parlamento si así convenían en decidirlo; pero negar, y con un juramento, la validez de un matrimonio sobre el cual la Iglesia ya se había pronunciado, negar la supremacía espiritual del Papa, tal y como se exponía allí en el preámbulo de la fórmula del juramento, no podía Thomas acceder a ello sin traicionar su conciencia.

—No sabéis, sir Thomas, cuánto apena a esta comisión oíros hablar así —repuso el canciller Audley, sacándole de sus pensamientos.

—¿Sabéis que sois la primera persona que ha rehusado el juramento? —le conminó Benson.

Y para que lo comprobase con sus propios ojos, le mostraron una lista con los nombres de todos los miembros, tanto de los Lores como de los Comunes, que ya habían jurado y firmado.

—Lo que hará —prosiguió Cromwell— que el rey acabe por albergar fundadas sospechas sobre vuestra lealtad, master More.

Pero Thomas se mantuvo firme en su decisión de rechazar el juramento. Le mandaron entonces bajar al jardín, mientras ellos deliberaban.

Para resguardarse del calor de aquella soleada mañana de primavera, sir Thomas prefirió esperar en una sala contigua cuyas ventanas daban al jardín. Por él, iban y venían los clérigos y abades convocados aquel día para tomar juramento —no vio a su amigo John Fisher, obispo de Rochester—, mostrando muchos de ellos rostros alegres y saludándose ruidosa y efusivamente, como si hubieran acudido a una fiesta.

Entre las conversaciones que se entrecruzaban oyó que «todos los sacerdotes de Londres que habían sido citados habían prestado el juramento». También vio —pasó cerca de él— cómo el doctor Nicholas Wilson, que había sido capellán de la corte y confesor del rey, era conducido prisionero a la Torre, posiblemente por haberse negado a jurar.

Llamado de nuevo a comparecer ante los comisarios, éstos le hicieron saber, en el espacio de tiempo que él había permanecido fuera en el jardín, cuántos habían jurado, y de buena gana. Pero More rechazó de nuevo sus requerimientos.

Se le acusó, entonces, de terquedad y obstinación, no sólo porque se negaba a jurar sino porque tampoco daba razones de su negativa. Negativa que los comisarios creían fundada en falsos escrúpulos de conciencia.

Pero para Thomas el asunto estaba claro, y el silencio era su mejor aliado.

Porque si rechazaba el juramento, se hacía reo de prisión y confiscación de bienes. Pero si explicaba los motivos de su rechazo, es decir, que el matrimonio con Catalina era un matrimonio válido y que no admitía la independencia de la Iglesia Anglicana de la autoridad de Roma, aparte de caer bajo la ira de Enrique VIII, también, según la nueva ley, sería acusado de alta traición y, sin remedio, sentenciado y condenado de inmediato a la pena de muerte.

—Sir Thomas —intervino Cranmer, en un momento de la sesión—, sabéis como algo cierto e indudable que estáis obligado a obedecer a vuestro rey. Por consiguiente, estáis obligado a rechazar todas las dudas y vacilaciones de conciencia que tengáis, y tomar el camino más seguro, que no es otro que el de obedecer el mandato de vuestro príncipe, y jurar.

Estas palabras desconcertaron a Thomas, sobre todo al provenir del que representaba la más alta autoridad eclesiástica en el reino. Y, en un primer momento, no supo qué replicar. Después, dijo:

—Creo, milord, que no podría hacerlo así, porque según mi conciencia éste es, precisamente, uno de los casos en que uno no está obligado a obedecer a su príncipe.

En la mente de More, el argumento expuesto por el arzobispo de Canterbury, llevado a un punto extremo, conducía a la anulación de toda clase de libertad.

—Y en verdad, si ese argumento es conclusivo —prosiguió, no sin cierta ironía—, entonces ya tenemos un medio definitivo para evitar todo tipo de perplejidades y de dudas. Pues teniendo en cuenta que en cualquiera que sea la materia, los expertos se suelen encontrar con dudas, y a veces muy serias, del modo que vos decís, esto es, obedeciendo el mandato del rey dado sobre el aspecto que arbitrariamente escoja, ya no hay duda que no se pueda resolver.

Thomas Cranmer tuvo que morderse los labios.

—Cualquiera que sea la opinión que mantengáis sobre el asunto —exclamó en seguida Benson, abad de Westminster—, debéis temer que sea vuestra conciencia la que esté equivocada al ver que el gran Consejo del reino ha determinado de manera contraria a la vuestra, master More, y, por tanto, deberíais vos cambiar vuestra conciencia.

—Si de una parte —respondió Thomas, con firmeza— no estuviera más que yo, y de otra todo el Parlamento, mucho debería temer apoyarme en mi propia opinión contra la de tantos. Pero si tengo de mi lado un

Consejo tan numeroso, y aún mayor que aquél, entonces no estoy obligado a amoldar mi conciencia y conformarla con el Consejo de un reino cuando éste va en contra del Consejo general de la cristiandad.

—Sir Thomas —intervino, entonces, Cromwell—, os prometo que antes prefiero ver a mi único hijo perder la cabeza que a vos rechazar el juramento. Porque ciertamente su majestad sospechará de vos, y pensará que erais el que planificó e instigó todo el asunto de la monja de Kent.

—Sin embargo —se defendió More—, lo contrario, o sea, mi fidelidad, es algo probado y es bien conocida de todos. Pero incluso así, ni yo mismo deseo evitar ninguna desgracia que pueda caer sobre mí, si con ello he de poner en peligro la salvación de mi alma.

Después de esta contestación, el lord canciller leyó en voz alta, como dando por finalizado el juicio, y estando todavía presente sir Thomas More, el acta del interrogatorio, pues Cromwell era el que tenía que informar de ello al rey.

—Lord secretario —dijo el canciller Audley, dirigiéndose a Cromwell—, deberá informar a su majestad de que sir Thomas More no se opone a jurar la Ley de Sucesión, es más, que incluso lo haría satisfecho.

—Mi lord —matizó More—, sobre ese punto yo estaría completamente satisfecho si pudiera ver mi juramento redactado de tal modo que no estuviera en contradicción con lo que dicta mi conciencia.

—¡Santo cielo, señor secretario! —exclamó, entonces, el canciller Audley—, tomad nota también de esto: que quiere prestar juramento, pero solo si es en cierta manera.

—No, mi lord —contestó Thomas—, sino que solo quiero conocer con anterioridad el texto, de modo que no jure en falso ni tampoco contra mi conciencia. No veo ningún peligro, en principio, en jurar la Sucesión, pero es razonable que siendo yo el que ha de prestar juramento, sea también yo el que lo examine bien y tenga consejo en cómo he de hacerlo, con el fin de que mi firma no abarque el juramento entero, cuando nunca he tenido intención de jurar una de sus partes. No obstante, por lo que al juramento completo se refiere —Dios me asista—, nunca impedí a nadie que se sometiera a él, ni jamás aconsejé a nadie rechazarlo, ni nunca puse ni pondré ninguna duda en la mente de ninguno, sino que dejo a cada hombre hacer según le dicte su propia conciencia. Por eso me parece, en verdad, que sería justo que se me dejara a mí también actuar según la mía.

Después de estas palabras, lord Audley levantó la sesión.

Cuatro días permaneció sir Thomas More bajo la custodia y vigilancia del abad de Westminster. Durante ese tiempo, el arzobispo Cranmer intercedió ante el rey para que el juramento únicamente abarcara la Ley de Sucesión, dejando a un lado la reprobación del primer matrimonio y lo de la supremacía sobre el Papa. Enrique VIII reaccionó de modo violento ante semejante propuesta, y exigió, haciendo hincapié en ello, que el juramento debía ser completo e íntegro.

Sir Thomas volvió a rehusarlo, por lo que fue conducido prisionero a la Torre de Londres.

Prisionero en la Torre

Cuando iban de camino a la Torre por aguas del Támesis, Richard Cromwell, sobrino del secretario real Thomas Cromwell, que tenía orden de acompañarlo, le advirtió sobre la cadena de oro que sir Thomas llevaba alrededor del cuello.

—Master More, os aconsejo que os quitéis la cadena y la enviéis a casa, a vuestra esposa o alguno de vuestros hijos.

—No, sir —le respondió—, no haré tal cosa. Pues si mis enemigos me hiciesen prisionero en el campo de batalla, me gustaría que su encuentro conmigo les fuera de provecho.

Al desembarcar, Thomas More fue recibido por el lugarteniente de la Torre, sir Edmund Walsingham, quien estaba esperándole. Al entrar en la Torre, el portero le pidió, como premio, que le diera la prenda que llevaba encima.

—Aquí tenéis —le dijo, dándole su gorra—. Pero siento mucho que no sea algo mejor para vos.

—No, sir —contestó, azorado, el portero —, no me refería a vuestra gorra, sino a vuestra capa.

Por los pasadizos de la fortaleza que hacía las veces de prisión, los pasos resonaban con ecos lúgubres; pero en el ánimo del ex canciller, decididamente firmes y alegres.

El aposento que le destinaron era un cuarto estrecho, húmedo y frío, parco en muebles y aún más en comodidades.

Para servirle y atenderle en lo que necesitase fue asignado John à Wood, su propio criado. Éste hubo de jurar, allí mismo, delante del lugarteniente de la Torre, que, en relación con el preso, «si le oía o veía hablar o escribir en contra del rey, del Consejo o del estado del reino, debería hacérselo saber», y de forma inmediata.

El lugarteniente, antiguo conocido de More, le presentó, días más tarde, sus disculpas por las deficiencias en su atención, excusándose en que no podía hacer más sin exponerse a las iras del rey.

—Lo creo, y os doy las gracias de todo corazón. Quedad convencido, señor lugarteniente, de que no me disgusta el trato que se me da. Pero si alguna vez me mostrara descontento, confío entonces en que me echaréis sin contemplaciones a la calle —repuso More, haciendo gala de su habitual sentido del humor.

El viernes 17 de abril de 1534, desde la Torre, Thomas More escribió a su hija Margaret, con un tizón a falta de pluma y tinta, una larga nota —sería la primera de una serie de íntimas y conmovedoras cartas—, informándole con todo detalle y pormenores sobre lo acontecido en su comparecencia en el palacio de Lambeth ante los comisarios reales.

Y en otra misiva, más breve, le notifica, para su tranquilidad, que se encontraba con «buena salud de cuerpo y en buen sosiego de ánimo»; también le informa de su deseo de que el Señor le «mantenga siempre fiel de verdad y sincero; de lo contrario, le suplico desde el fondo de mi corazón que no me deje vivir más. Ni busco ni deseo una larga vida, como ya te lo he dicho en otras ocasiones, Meg, y estaría muy contento si Dios me llamara mañana mismo».

Gran dolor y desconsuelo produjo en el alma de Thomas la carta en la que su querida hija Margaret le comunicaba que había prestado juramento, aunque en ella no especificaba sobre qué materia en concreto.

Parece que Margaret tomó juramento con la cláusula «en la medida en que no vaya contra la ley de Dios». Quizá, pensaría Margaret, al informarle de su decisión, podría moverle a reconsiderar su determinación y remediara la situación tan humillante y dolorosa en que se había metido.

Thomas le contestó, con el alma llena de pesadumbre:

«Mi cariñosamente querida hija —escribió en carta fechada en mayo de 1534—, si por especial gracia de Dios no me hubiera mantenido desde hace mucho tiempo firme y constante, me habría producido una gran consternación tu desconsoladora carta; mucho más, sin lugar a dudas, que todas las otras cosas terribles que en ocasiones oigo que me aguardan. Pero, la verdad, ninguna de ellas me llegó tanto al alma, ni me dolió tanto como tu esfuerzo, apasionado y lastimoso, hija mía querida, para persuadirme de hacer algo que no puedo hacer en consideración a la salvación de mi alma. Estoy seguro de que te acuerdas cómo repetidas veces te dije que no podía revelar a nadie las razones de mi proceder.

»Me causa una pesadumbre —continúa más adelante— mucho más terrible que oír mi sentencia de muerte, cuyo miedo, gracias a Dios, se va mitigando al meditar cada día sobre el temor al infierno, la esperanza del cielo y la pasión de Cristo...».

En la respuesta que le envía Margaret queda de manifiesto que no debe temer por ellos, pues la actitud que todos los miembros de la familia han adoptado no ha sido otra que la de seguir fielmente el ejemplo que siempre habían recibido de él:

«Padre, ¿cuál piensas que ha sido nuestro consuelo desde tu marcha? Pues no es otro que la experiencia que, desde siempre, hemos tenido de ti, de tu piadoso comportamiento, de tu acertado consejo y virtuoso ejemplo; y la seguridad no solo de continuar así, sino incluso de procurar ir a más, por la bondad de Dios, para tranquilidad y alegría de tu corazón, vacío ya de todo afecto mundano, y adornado de las virtudes celestiales para que descanse en él el Espíritu Santo de Dios».

Los días en la Torre, alejado Thomas del cariño de los suyos, transcurrían lentos y monótonos, pero intensamente fecundos en su cada vez más íntimo trato con Dios, en quien había puesto toda su esperanza.

Al cabo de poco más de un mes en prisión, Thomas More recibió la visita de Margaret —la única que, entre todos los amigos y familiares, obtuvo, tras insistentes ruegos, permiso para visitarle—. Durante la conversación, Thomas confió a su hija las intimidades y disposiciones de su corazón:

—Me parece, Meg —le dijo—, que los que me han

puesto aquí suponen que me han dado un gran disgusto. Pero te aseguro, querida hija mía, que si no hubiera sido por mi esposa y por vosotros, mis hijos, a quienes tengo como la mayor de mis responsabilidades, ya mucho antes me habría encerrado yo solo en un cuarto tan pequeño como éste e incluso más pequeño. Pero ya que he venido aquí, sin merecerlo, confío que Dios en su bondad me librará de esa responsabilidad y que la ayuda de su gracia suplirá mi ausencia entre vosotros. Creo, Meg, que Dios me trata como a su niño mimado, que me pone sobre su regazo y me mece...

En su segunda visita a la prisión, Margaret echó de ver que la salud de su padre se había deteriorado sensiblemente: a los dolores en el pecho, que ya padecía de antes, y que se habían convertido en algo crónico, se añadía ahora una dolencia en los riñones y unos calambres que en ocasiones le dejaban completamente agarrotadas las piernas.

Pero aquel día, sorprendentemente, el prisionero se encontraba algo mejor.

Margaret, llevada de su amor filial, volvió a intentar disuadirle de su actitud, con el fin de poner término a tantas penalidades y sufrimientos.

—Padre —le dijo—, pido a Dios la gracia de que puedas en este grave asunto tomar una decisión que, siendo del gusto de Dios, pueda también complacer al rey...

—Margaret, hija mía —le contestó, con gesto apenado—, más de dos y de tres veces hemos hablado ya sobre este asunto. Y te he contestado que si en este caso me fuera posible hacer lo que daría contento al rey y Dios no se ofendiera con ello, ningún hombre habría prestado este juramento más alegremente que yo. Pero como mi conciencia se opone, no puedo hacerlo de ninguna de las maneras.

Cogiéndole las manos, se las estrechó entre las suyas. Luego, continuó:

—Y en ello no me he dejado llevar por la precipitación, puesto que durante muchos años lo he estudiado y considerado. No puedo en ningún modo remediarlo. Dios me ha puesto en esta alternativa: ofenderle mortalmente o aceptar cualquier dolor que Él permita que caiga sobre mí a causa de mis pecados pasados, sirviéndose de esta situación. Y como en este asunto sólo miro a Dios, poco me importa que la gente piense lo que quiera y que diga que no es conciencia sino necio escrúpulo.

Pero More no quiere engañarse a sí mismo, ni a los demás, ni mucho menos a Dios; y así se lo comenta a su propia hija.

—Ante el juramento —expone—, acaso alguno pudiera formarse una conciencia pensando que, como lo hizo por miedo, Dios así se lo tendrá en cuenta. Otros, pueden tal vez pensar que se arrepentirán y confesarán, y que así Dios luego se lo perdonará. Y otros, finalmente, quizá son de la opinión de que si dicen una cosa con la boca y piensan mientras tanto la contraria, Dios mira más a su corazón que a su lengua, y por consiguiente que el juramento que han hecho es sobre lo que piensan y no sobre lo que dicen.

Sin entrar a juzgar las conciencias de los demás, Thomas More, no obstante, no quiere emplear tales artificios engañosos, cuando lo que se pone en juego es su propia salvación.

De igual modo que su actitud obstinada y terca, como es calificada, no se debe a una servil imitación del ejemplo del obispo de Rochester, John Fisher:

—La verdad, hija mía —le comenta—, no estoy dispuesto a colgar con un alfiler mi alma a la espalda de ningún hombre, ni aun del mejor hombre que conozco hoy en vida, porque no sé dónde podría llevarla.

—Ciertamente, padre —insistió Margaret—; pero dado que el juramento está impuesto por el Parlamento, piensan que eres tú quien está obligado a obedecer y a cambiar y reformar tu conciencia.

—Margaret, por lo que se refiere a las leyes del país, aunque todo hombre está obligado a obedecerlas bajo pena de castigo, ningún hombre está obligado a jurar que toda ley está bien hecha, ni está obligado a cumplirla si es una ley injusta, bajo pena de ofender a Dios. Por lo que a mí concierne, te diré, hija mía, que mi conciencia es tal —no condeno la de ningún hombre— que bien puede estar con mi propia salvación. De esto, Meg, estoy tan convencido como de que Dios está en el cielo.

Margaret, triste y apenada, ya no sabe qué argumento invocar para persuadirle.

—Padre —volvió a insistir Margaret—, sabes que el lord secretario, como buen amigo tuyo, te envió recado para recordarte que el Parlamento está todavía en sesión y...

—Bien sé, Margaret —respondió—, que, aunque llegaran a hacer una ley para hacerme daño, esa ley nunca podría ser justa. Ningún hombre me hará daño a no ser que se me haga una injusticia, y entonces..., eso sería como una adivinanza: un caso en que un hombre puede perder su cabeza y no sufrir daño alguno... para su alma. No obstante, espero que Dios no permita que un príncipe tan bueno y sabio retribuya con tal ingratitud los servicios de tantos años de fidelidad de su servidor, aunque nada hay imposible que no pueda ocurrir en este mundo. En largas noches de insomnio, mientras mi mujer dormía y ella creía que yo hacía lo mismo, pensé detenidamente en todos los peligros que podían caer sobre mí. Y en esos pensamientos, hija, mi corazón rebosó de pesadumbre, pero ni la angustia de lo más horrible pudo hacerme cambiar de opinión.

—Pero padre —objetó dolorosamente Margaret—, no es lo mismo pensar sobre una cosa que puede ocurrir, que enfrentarse con una cosa que va a ocurrir. Y quizá, entonces, ya sea demasiado tarde.

—¿Demasiado tarde, hija mía? Pido a Dios que si llegara a cambiar de opinión, que en verdad sea demasiado tarde. Pues cualquier otra disposición solo podría poner en peligro la salvación de mi alma, sobre todo si proviene del miedo. Quiera Dios, por eso, concederme la fuerza de permanecer siempre firme.

Antes de despedirse, fuertemente abrazados, Thomas More susurró al oído de su hija:

—Si algo terrible me ocurriera, reza a Dios por mí, pero no te preocupes. Yo, por mi parte, voy a rezar de todo corazón por todos nosotros, para que nos podamos reunir algún día en el cielo, en donde seremos felices para siempre y en donde nunca jamás habrá inquietud alguna.

Thomas More

La familia de Thomas More

Rowland Lockey pintó el retrato de Thomas More y su familia entre 1593 y 1594. La pintura es una copia parcial de una obra de Hans Holbein acabada hacia 1520, la cual no se ha conservado. Lo que sí ha llegado hasta nuestros días es el boceto de esta pintura.

Si comparamos el boceto con la pintura se puede ver que Lockey añadió cuatro personas que no aparecen en el boceto de Holbein; son los descendientes de sir Thomas More. La pintura fue probablemente un encargo del nieto de Thomas More, Thomas More II, a modo de árbol genealógico, mostrando cinco generaciones de la misma familia.

John More II (1509-1547), hijo

Henry Patenson, bufón de la casa familiar

Anne Cresacre (1512-1577), prometida del hijo de Moro

Elizabeth Dauncy (1506-1564), segunda hija

John More III (1557-1599) Hijo de sir Thomas More II

Cresacre More (1572-1649) Bisnieto de sir Thomas More

Sir John More (1451-1530), padre

Maria More (1534-1607) Esposa del nieto de Sir Thomas More

Thomas More II (1531-1606) Nieto de sir Thomas More

Sir John More

Margaret Roper (1505-1544), hija mayor

Cecily Heron (1507-?), tercera hija

Londres,
la ciudad de Thomas More

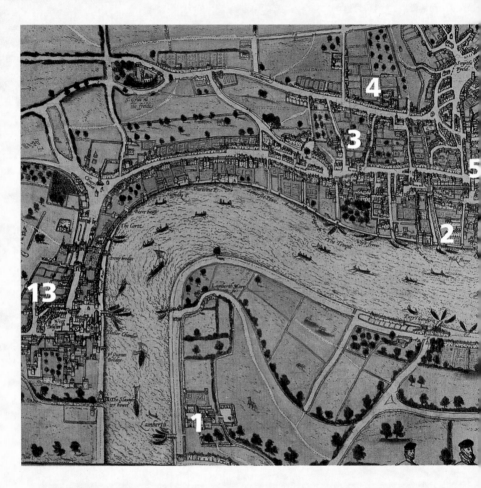

1 **Lambeth Palace,** donde More fue interrogado por primera vez; 2 **Blackfriars,** sede del Parlamento en 1523, cuando More era portavoz;
3 **Lincoln's Inn,** donde estudió leyes;
4 **Furnivall's Inn,** donde More enseñó derecho entre 1503 y 1506; 5 **St. Paul's Cathedral,** Fr. Colet, amigo cercano de More, fue deán; 6 **Crosby Hall,** More adquirió una casa en 1523, pero la vendió al cabo de poco; 7 **The Barge,** primera casa de More y **St. Stephen's,**

Thomas More salió de su país solo en dos ocasiones. Londres fue la ciudad en la que desempeñó la mayor parte de su actividad literaria y política. Estos son algunos de los lugares de Londres importantes en su vida.

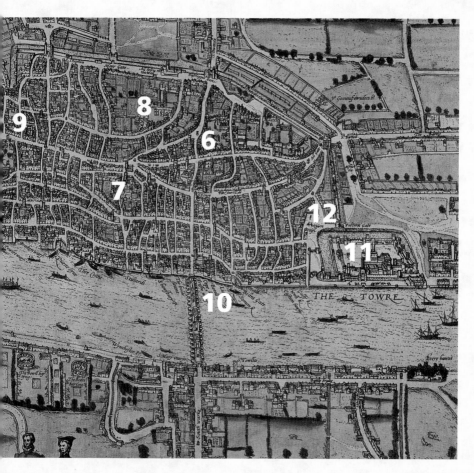

parroquia en la que More se casó; **8 Guildhall,** ayuntamiento, en el que More sirvió como alguacil y se encargó de asuntos de la ciudad; **9** Lugar de nacimiento de More, en **Milk Street; 10 London Bridge,** donde se expuso la cabeza de More tras su ejecución; **11 Torre de Londres,** donde More fue encarcelado en 1534-35; **12 Tower Hill,** donde fue decapitado; **13 Westminster,** donde More fue juzgado.

La Europa renacentista

Bajo Carlos I y Felipe II, los Países Bajos (con ciudades como Lovaina, Brujas y Amberes) formaban parte de la corona española. Filósofos y hombres de letras como Erasmo de Rotterdam (en la imagen), máximo exponente del humanismo de Europa del norte, y Juan Luis Vives, catedrático valenciano, desempeñaron gran parte de su actividad en estas ciudades, muy prósperas entonces debido al comercio marítimo.

La difusión de la imprenta, introducida por Thomas Gutenberg en 1453, posibilitó la expansión de la cultura humanista por Europa. Venecia fue una de las principales potencias militares y mercantiles durante el Renacimiento. Allí trabajó Aldo Manucio (1450-1515), importante editor de autores clásicos, dando al libro impreso el formato que seguimos usando en el presente.

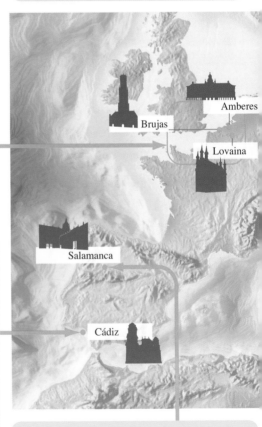

Amberes
Brujas
Lovaina
Salamanca
Cádiz

Las primeras expediciones a América datan de finales del siglo xv. El Nuevo Mundo amplió y enriqueció la concepción que tenía del mundo el hombre renacentista. De Cádiz partieron numerosas expediciones, como la de Juan de la Cosa, navegante y cartógrafo cántabro autor del primer mapamundi en el que aparece América.

El Renacimiento también fue la época en que se fijaron las lenguas nacionales. Nuestra lengua fue la primera en tener una gramática, la de Antonio de Nebrija, autor también del primer diccionario español.

La Universidad de Bolonia, fundada en el 1088, es la más antigua de Europa. En ella estudiaron o impartieron clases figuras relevantes de la ciencia del siglo XVI, como Andrés Vesalio y Nicolás Copérnico, fundadores de la anatomía y de la astronomía modernas, respectivamente.

Bajo Carlos I y Felipe II, en Florencia, bajo el mandato de Lorenzo de Médici (1449-1492), trabajaron humanistas de gran talla, entre los que destacan Marsilio Ficino y Giovanni Pico della Mirandola (centro e izquierda de la imagen, respectivamente).

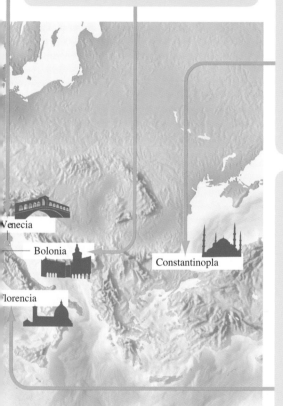

Venecia

Bolonia

Constantinopla

Florencia

En 1453 el ejército Otomano toma Constantinopla, provocando un éxodo de intelectuales que llevaron manuscritos griegos a Italia, difundiendo así el conocimiento de esta lengua en Europa Occidental.

El gobierno inglés en el siglo XVI

Rey, Lores y Comunes. El sistema político inglés ha servido como modelo para muchas democracias actuales.

La estructura actual del parlamento inglés comienza a establecerse durante la dinastía Tudor. Había una cámara alta, la de los Lores, y una cámara baja, la de los Comunes. Los miembros de ambas cámaras podían presentar propuestas de ley en el parlamento. Luego debía ser aprobada por la mayoría de las dos cámaras, antes de tener la aprobación del rey, que tenía –y aún hoy tiene– derecho a veto. A menudo el rey, que no pertenecía a ninguna de las dos cámaras, se servía de los miembros de su consejo privado para hacer propuestas de ley.

Vista desde el río Támesis del nuevo Palacio de Westminster, reconstruido en el siglo XIX. El antiguo palacio fue sede del parlamento cuando Thomas More era Lord Canciller.

Los antecedentes: la guerra de las Dos Rosas

La Guerra de las dos Rosas fue la guerra civil que enfrentó a la Casa de Lancaster contra la Casa de York entre 1455 y 1485. Ambas familias pretendían el trono de Inglaterra como descendientes del rey Eduardo III.

Escena de la guerra de las Dos Rosas.

La guerra se dio principalmente entre los miembros de la aristocracia terrateniente y ejércitos de los señores feudales. Debilitó enormemente la nobleza, además de provocar un gran descontento social. Este período marcó el declive de la influencia inglesa sobre Europa, el debilitamiento de los poderes feudales de los nobles y, en contrapartida, el aumento de influencia por parte de los comerciantes, y el crecimiento y fortalecimiento de una monarquía centralizada bajo la **dinastía Tudor** que les permitió reinar con fuerza incontestable durante todo el siglo siguiente. Esta guerra señala el fin de la Edad Media inglesa y el comienzo del Renacimiento.

Rosa de la Unión, blasón de la casa Tudor, y por extensión de la monarquía inglesa.

Enrique VIII
(1491-1547)

Enrique VIII, segundo monarca de la dinastía Tudor, fue un amante del lujo y el fasto, y gastó desmesuradamente en palacios y diversiones de la corte.

Concedió su aprobación a la **Constitución de Gales** (1535- 1542), que anexó legalmente a Gales con Inglaterra, haciendo de ambos un solo país. Entre los logros de su gobierno, destaca haber devuelto a Inglaterra su papel decisivo en la escena política europea.

A pesar de haberse opuesto a la reforma luterana, la cuestión de la sucesión le hizo proclamarse a sí mismo **cabeza de la iglesia de Inglaterra**. Desposeyó a la iglesia católica de sus posesiones y ordenó la disolución de los monasterios y conventos.

Durante su reinado acusó e hizo matar a más de 70.000 personas, entre las que des- tacan el cardenal John Fisher, varios abades, cuatro altos cargos políti- cos, veinte nobles, dos de sus esposas y seis de sus amigos cercanos; uno de los cuales fue Thomas More.

Casado con **Catalina de Aragón** (1485-1536), Enrique VIII esperaba tener descendencia masculina, ya que consideraba que era la única forma de que su dinastía perdurara. Tuvo dos hijas con ella, y al ver que no llegaba el varón, se impacientó y decidió conseguir el divorcio para casarse de nuevo.

Con su segunda esposa, **Ana Bolena** (1507-1536) Enrique VIII tampoco consiguió tener el varón que tanto deseaba, y tras acusarla de incesto, adulterio y alta traición, hizo que la decapitaran.

Enrique VIII llegó a tener cuatro esposas más, y a pesar de conseguir un hijo, el **príncipe Eduardo**, éste solo reinó durante seis años. Le sucedieron la hija que tuvo con Catalina, **María I de Inglaterra** (a la izquierda), y después la hija que le dio Ana Bolena, **Isabel I de Inglaterra** (a la derecha).

Utopía

Utopía es la obra más conocida e influyente de More. Rafael Nonsensus es un viajero que ha llegado a un país llamado Utopía (que en griego significa 'no-lugar'), cuyos habitantes tienen unas costumbres muy diferentes a las habituales en los reinos europeos. El autor utiliza este recurso para cuestionar la cultura y la política de su tiempo. Hay propuestas revolucionarias para solucionar los problemas más acuciantes de su época, como la pobreza, la desigualdad y el bajo nivel educativo.

El libro de Thomas More tuvo mucho éxito cuando apareció en 1516, y en los siglos posteriores varios autores imaginaron sus utopías basándose en el modelo de la *Utopía* de Thomas More. La más conocida de ellas es la obra *Los viajes de Gulliver*, de Jonathan Swift.

Algunas características y leyes de *Utopía*

▶ No existe la propiedad privada.

▶ No existe el dinero, ya que es visto como origen de la desigualdad y la pobreza.

▶ Se trabaja seis horas al día, con lo que se favorece el aprendizaje de distintos oficios.

▶ La enseñanza es universal, todos los niños están escolarizados.

▶ Todo el mundo trabaja. Los utopianos no ven con buenos ojos el descanso improductivo.

▶ Solo se producen y consumen bienes de primera necesidad.

▶ El gusto por el lujo y la ostentación está mal visto. Todo el mundo viste con las mismas ropas.

▶ El oro es señal de infamia; se utiliza para la fabricación de objetos vulgares, como orinales y cadenas para esclavos, criminales y desertores.

▶ Las mujeres pueden ejercer el sacerdocio, trabajar la tierra y acompañar a los hombres a la guerra.

▶ Hay pocas leyes, lo cual favorece que los súbditos se familiaricen con ellas.

▶ Los cargos políticos son elegidos (no hereditarios) y temporales.

Cronología

▶ **1478** Thomas More nace en Milk Street, Londres, segundo hijo de John More y Agnes Graunger.

▶ **1485** Enrique Tudor es coronado rey de Inglaterra con el título de Enrique VII.

▶ **1491** Nace Enrique VIII.

▶ **1492** Thomas More se traslada a Oxford, al colegio de Canterbury.

▶ **1494** More vuelve a Londres para cursar la carrera jurídica en New Inn.

▶ **1496** More ingresa en Lincoln's Inn para continuar sus estudios de leyes.

▶ **1499** Conoce a Erasmo de Rotterdam; ambos traban una amistad que duraría hasta la muerte de More.

▶ **1501** Frecuenta la Cartuja de Londres. Lee *La Ciudad de Dios* de san Agustín.

▶ **1504** Deja el monasterio y entra en el Parlamento. Enrique VII encierra al padre de More en la torre de Londres, como venganza por una ley apoyada por Thomas en el Parlamento.

▶ **1505** Contrae matrimonio con Jane Colt y ese mismo año nace su hija Margaret.

▶ **1506** Nace la segunda hija de More, Elisabeth.

▶ **1507** Nace la tercera hija de More, Cecily.

▶ **1509** Nace su hijo, John.
Muere Enrique VII. Sube al trono Enrique VIII, que se casa con Catalina de Aragón.

▶ **1511** Muere su esposa, Jane Colt, a la edad de 23 años.
Se casa con Alice Middleton.

▶ **1513** Escribe *La historia del rey Ricardo III*, libro que inspirará al personaje de la obra de teatro *Ricardo III* de William Shakespeare.

▶ **1515** Es enviado a una embajada comercial en Flandes. Ese año escribe su libro *Utopía*.

▶ **1516** Completa el libro primero de *Utopía* y la obra completa es publicada en Lovaina.

▶ **1517** More entra al servicio de Enrique VIII; es nombrado miembro del Consejo Real.

William Shakespeare.

- **1521** Thomas More es nombrado caballero, vicetesorero y *speaker* de la cámara de los Comunes.

- **1525** Thomas More es nombrado canciller del ducado de Lancaster.

- **1527** More no apoya a Enrique VIII cuando éste intenta divorciarse de Catalina de Aragón.

- **1529** Muere el Cardenal Wolsey, y Moro pasa a ser el nuevo Lord Canciller. Fue el primer Lord Canciller laico en la historia de Inglaterra.

  More publica su *Diálogo sobre las herejías* (*A Dialogue concerning Heresies and matters of religion*) y *La súplica de las almas* (*The Supplication of Souls*).

  Asiste como embajador a la paz de Cambrai, «Paz de las Damas».

  El 26 de octubre es nombrado Lord Canciller de Inglaterra.

Cardenal Wolsey.

- **1530** Muere el padre de Thomas More, a los setenta y nueve años.

- **1531** Enrique VIII se proclama Cabeza Suprema de la Iglesia de Inglaterra.

- **1532** Dimite como Lord Canciller, alegando problemas de salud.

  Escribe la *Carta a John Frith*, en defensa de la doctrina sobre la Eucaristía.

- **1533** Rechaza la invitación a la boda de Enrique VIII con Ana Bolena.

  More termina la *Refutación de la respuesta de Tyndale* (*Confutation of Tyndale's Answer*), cuya primera parte había aparecido en 1532, y escribe la *Debelación de Salem y Bizancio* (*Debellation of Salem and Bizance*) y la *Apología* (*Apology*).

- **1534** Rechaza firmar el *Acta de supremacía*, que impugnaba la autoridad del Papa y proclamaba a Enrique cabeza de la iglesia de Inglaterra. Es trasladado a la Torre de Londres.

- **1535** Se inician los interrogatorios para sonsacarle el juramento.
  Es decapitado el obispo John Fisher en Tower Hill (22 de junio).
  El 1 de julio tiene lugar el juicio a Thomas More en Westminster Hall.
  Es condenado a muerte por alta traición. El 6 de julio es ejecutado por decapitación en Tower Hill.

- **1886** Decreto de beatificación declarado por León XIII (29 de diciembre).

- **1935** Thomas More es canonizado por Pío XI (9 de mayo).

- **2000** Juan Pablo II lo declara patrono de políticos y gobernantes (31 de octubre).

Otros personajes célebres ejecutados por Enrique VIII

Thomas Cromwell (1485-1540) Sucedió a Thomas More en el cargo de Lord Canciller y jugó un papel importante como acusador en el juicio que acabaría con la vida de su predecesor. A pesar de haber sido uno de las cabezas visibles de la Reforma inglesa, perdió el favor del rey al no conseguir el divorcio de su cuarta esposa. Se dice que Enrique VIII lamentó haber mandado su ejecución durante el resto de su vida.

William Tyndale (1494-1536) fue un académico partidario de la Reforma luterana que tradujo algunas partes de la Biblia al inglés. Fue condenado a morir en la hoguera, acusado de herejía.

San Juan Fisher (1469-1535) fue obispo católico inglés. Como Thomas More, fue ejecutado por orden de Enrique VIII durante la Reforma inglesa, por rechazar el nuevo título del rey como cabeza suprema de la Iglesia de Inglaterra.

12

Un hombre solo... con Dios

Llevaba sir Thomas More varios meses incomunicado, cuando también su esposa Alice Middleton obtuvo, al fin, licencia para poder visitar a su marido. Lady Alice tampoco acertaba a comprender la actitud de su marido; por qué se obstinaba en rehusar el juramento.

—¡Cómo va eso, master More!...—le espetó sin otros preámbulos, nada más entrar en la celda—. Mucho me sorprende, en quien hasta ahora había tenido por hombre sabio, veros ahora haciendo el tonto estando metido en esta estrecha y mugrienta prisión, conviviendo con ratas y ratones, cuando podríais estar mejor afuera, en libertad, gozando de la protección y benevolencia del rey y de su Consejo, con tan sólo hacer lo que todos los obispos y personas ilustres de este reino han hecho. Y como en Chelsea tenéis una hermosa casa, biblioteca, libros, jardín, huerto, y otras cosas con las que disfrutar en compañía de mí, tu esposa, e hijos..., yo he de preguntarme, en nombre de Dios, ¿por qué continuáis aquí de manera tan estúpida?

Thomas la escuchó sin interrumpirla, con paciencia. Al fin, consiguió hablar:

—Os ruego, querida señora Alice, que me contestéis a una pregunta.

—¿Qué pregunta?

—¿No se encuentra esta celda tan cerca del cielo como mi propia casa?

—¿Eh? ¿Cómo?

—Vamos, Alice, ¿no es así?

—*¡Bone Deus, bone Deus!* ¡Bobadas! Pero hombre, ¿es que esto no va a terminar nunca?

—¿Bobadas? Bueno. Si es así, mucho mejor, Alice. Pero no veo razón para alegrarme tanto de volver a mi hermosa casa y a las cosas que allí tengo cuando considero que, si hubiera estado tan solo siete años enterrado bajo tierra y se me ocurriera resucitar y regresar a ella, seguro que me encontraría con alguien a la puerta que me echaría fuera, diciéndome, además, que nada de todo eso es ya mío. Entonces, ¿por qué he de echar de menos una casa que tan pronto se va a olvidar de su dueño?

En otra ocasión, en que su mujer Alice volvió a apremiarle a que prestara juramento para acabar con situación tan dolorosa, le preguntó:

—Bien, Alice, ¿y cuánto tiempo crees que aún podría disfrutar de la vida?

—Por lo menos veinte años, si Dios quiere.

—Querida mujer, no vales para los negocios. ¿De verdad quieres que cambie veinte años por toda una eternidad?

Sir Thomas no pudo, a pesar de sus esfuerzos, convencer a su esposa; pero estaba firmemente persuadido de que ella le quería, y que en el fondo estaba con él y que en él confiaba.

Los días en la Torre siguieron transcurriendo pausados y lentos, dolorosos. Ahora contaba, no obstante, con el tiempo del que nunca había dispuesto para ocuparse por entero de Dios y de sí mismo.

Aislado del mundo exterior por anchos fosos y fuertes muros, a pesar de las incomodidades, la falta de libertad, la nostalgia de los seres queridos, la ausencia del consuelo de los amigos y de los libros, aquí encontró sir Thomas More sin embargo la paz y la tranquilidad necesarias para pensar y escribir con quietud y en la quietud. Y, sobre todo, para estar a solas, en conversación íntima, de enamorado, con Dios.

Se hizo así realidad un antiguo deseo vivamente anhelado, disponer de tiempo para aislarse del mundo y dedicarse únicamente a reflexionar y meditar sobre la pasión de Cristo y preparar su alma para la muerte.

Otros dos prisioneros, como Thomas More, había en la Torre: el obispo de Rochester, John Fisher, único representante de la jerarquía eclesiástica en Inglaterra que se mantuvo fiel a la Iglesia de Roma, y Nicholas Wilson, a quien, cuando fue a declarar ante los comisarios en el palacio de Lambeth, vio que era custodiado y conducido en dirección a la Torre. También ellos se habían negado a jurar.

La fortaleza de master Wilson, no obstante, pareció resquebrajarse ante las dudas que le embargaban. La extrema dureza del encierro y el continuo sufrimiento le condujo a una angustiosa inestabilidad de ánimo. A través de un criado, consigue ponerse en contacto con More, y le envía unas líneas en las que le pregunta qué debe hacer.

Sir Thomas More, con delicadeza y caridad, le hace llegar una carta en la que le exhorta a poner toda su fortaleza y confianza únicamente en el Señor, y le dice también que cada cual debe seguir el dictado de su propia conciencia.

En otra carta, más extensa, y por la que se deduce que master Wilson estaba ya decidido a claudicar y prestar juramento, le explica sir Thomas cómo ha llegado a una firme opinión sobre el asunto: a través de la consulta y el estudio de textos de la Sagrada Escritura, de la doctrina de los Santos Padres y de los concilios. Precisamente, una de las personas a quien Thomas More consultó con más asiduidad en ese trabajo fue a él, a master Nicholas Wilson, «por vuestro sustancial conocimiento y maduro juicio». Y le recuerda que «en nuestra frecuente conversación sobre el asunto, los dos teníamos en cada punto una misma opinión». Al final de la carta, se despide invitándole a buscar la fortaleza, a través de la misericordia de Dios, en la oración: «Mi querido master Wilson, rezad por mí, porque yo rezo por vos a diario».

También sir Thomas More siente el horror que produce el roce escalofriante de la muerte; y padeciendo en las mismas circunstancias, ha de sobreponerse a los miedos que le atenazan a cada momento. Los funestos temores presagiados por su mujer e hijos reavivan los suyos propios. Y una y otra vez ha de vencerlos, con la gracia de Dios: «Al dar vueltas a todos esos asuntos en mi cabeza, hija mía querida —escribe a Margaret—, me encontré a mí mismo muy sensual y a mi carne huyendo cobarde del dolor y de la muerte mucho más de lo que me parecía propio en un fiel hombre cristiano».

Pero enseguida procura que vengan en su ayuda la fe y la esperanza sobrenaturales: «Ser injustamente condenado a muerte por obrar bien —como estoy seguro que hago al rechazar jurar contra mi propia conciencia— es un caso en el que un hombre puede perder su cabeza y aun así no sufrir daño alguno, y, en vez de daño, un bien inestimable de manos de Dios».

Sir Thomas, aunque no busca la muerte —no tiene madera de mártir: «Soy de un natural tan enemigo del dolor que casi me asusta un pinchazo»—, tampoco la rehuye: «Te aseguro, Meg, aunque el pensamiento de la muerte me ha afligido mucho, hoy día ya no me preocupa nada. La verdad, nunca he pedido a Dios que me saque de aquí ni que me libre de la muerte. Todo lo abandono a su voluntad, pues Él es el que mejor sabe lo que a mí me conviene».

Y cuando la carne, en su debilidad, flaqueaba mostrando de nuevo su temor natural e instintivo a la muerte, Thomas se refugiaba en una oración más intensa y en un mayor abandono en Dios: «Conozco bien mi propia fragilidad... De ahí que no sea yo, Meg, tan insensato que tenga garantía de mantenerme en pie. Pero rezaré, y te ruego que tú reces conmigo». Y en otro momento afirma: «Pongo toda mi confianza en la misericordia de Dios —Él me sostendrá—, pues estoy completamente en sus manos».

Durante los meses que permaneció en prisión, sir Thomas puso por escrito sus pensamientos y reflexiones —su oración, en definitiva— en el deseo de buscar la fortaleza y la unión con Dios, mostrando así la hondura y delicadeza de su alma.

101

Entre otros escritos, compuso un tratado sobre la pasión de Cristo, *De tristitia Christi*, que quedó sin terminar. La agonía de Cristo en el huerto de Getsemaní fue como un espejo donde Thomas More pudo contemplar cómo caminar por el sendero del sufrimiento y encontrar la fortaleza en el martirio, si acaso éste llegara:

«Sabía Cristo —escribe, sin duda pensando en sí mismo— que muchas personas de constitución débil se llenarían de temor ante el peligro de ser torturadas, y quiso darles ánimo con el ejemplo de su propio dolor, su propia tristeza, su abatimiento y miedo inigualables. De otra manera, desanimadas esas personas al comparar su propio miedo con la valentía y fortaleza de los mártires, podrían ceder sin más ante aquello que temen les será de todos modos arrebatado por la fuerza: la amenaza de quitarles la vida. A quien en esta situación estuviera, parece como si Cristo se sirviera de su propia agonía para hablarle con vivísima voz:

»—Ten valor, tú que eres débil y flojo, y no desesperes. Estás atemorizado y triste, abatido por el cansancio y el temor al tormento. Ten confianza. Yo he vencido al mundo, y a pesar de ello sufrí mucho más por el miedo y estaba cada vez más horrorizado a medida que se avecinaba el sufrimiento. Deja que el hombre fuerte tenga como modelo mártires magnánimos, de gran valor y presencia de ánimo... Tú, temeroso y débil, tómame a mí como modelo. Desconfiando de ti, espera en mí. Mira cómo marcho delante de ti en este camino tan lleno de temores. Agárrate al borde de mi vestido, y sentirás fluir de él un poder que no permitirá a la sangre de tu corazón derramarse en vanos temores y angustias...».

Asimismo compuso otras reflexiones y piadosas oraciones, que le sirven para alimentar y fortalecer su vida interior, como la que dejó escrita, a falta de papel, en los márgenes de las páginas de su Libro de Horas:

Dadme vuestra gracia, Señor mío,
    para estimar en nada el mundo,
para que mi mente sólo esté unida a vos,
    y no depender de las palabras que salen de las bocas
    de los hombres.
Para estar contento en mi soledad,
    sin anhelar la compañía mundana (...).
Para que piense en Dios con alegría,
    y tiernamente implore su ayuda.
Para que me apoye en la fortaleza de Dios,
    y con todas mis fuerzas le ame (...).
Para que conozca mi propia miseria y vileza,
    para que me humille bajo la poderosa mano de Dios.
Para que llore por los pecados de mi vida,
    y para expiarlos, sufra la adversidad con paciencia.
Para alegrarme en las tribulaciones (...),
    para llevar la cruz con Cristo...

Última vuelta de tuerca

En noviembre de 1534 tuvo lugar la apertura de nuevas sesiones en el Parlamento. En ellas se aprobaron tres leyes que repercutirían de manera directa en el proceso de sir Thomas More.

Si la situación del ex canciller, hasta el momento, era la de sufrir prisión y confiscación de bienes por negarse a jurar la Ley de Sucesión, en cuyo preámbulo se negaba la autoridad papal para conceder dispensas matrimoniales y en la que, de modo indirecto, se rechazaba la supremacía del Papa, ahora, con la aprobación de estas nuevas leyes, a las que se daba valor retroactivo, el destino de More, y el de todos aquellos que se habían negado a jurar, estaba ya definitivamente decidido.

Por la Ley de Supremacía (*Act of Supremacy*) se declaraba al rey, y a sus sucesores, la única «Cabeza Suprema en la tierra de la Iglesia de Inglaterra» y rechazaba toda intromisión de cualquier autoridad extranjera —en la que se incluía la Iglesia de Roma— en los asuntos de la Iglesia Anglicana.

La ley de Sucesión (*Act of Succession*) reglamentaba el juramento que se había de presentar, según lo establecido en la Ley de Supremacía.

La ley de Traiciones (*Act of Treasons*), por su parte, estipulaba delito de traición el intentar privar al rey de cualesquiera de sus títulos, incluido el de Cabeza Suprema de la Iglesia conferido por la Ley de Supremacía. Y era suficiente para ser acusado de traición el desear, querer o pretender «de manera maliciosa» obrar así, por palabra o por escrito.

A finales de 1534, como un anticipo de todo lo que había de venir, sir Thomas More fue objeto de más severas restricciones. Se le prohibió pasear por el recinto de la fortaleza y asistir a la iglesia, así como recibir visitas. Los rigores del invierno hicieron más vivos y lacerantes la pobreza, el frío y la soledad.

La causa de esta rigidez acaso esté motivada —dice More en respuesta a una carta de su hija Margaret— a que «algunos todavía piensan que yo no era tan pobre como se vio en el registro de la casa de Chelsea, y por tanto puede haber nuevos registros, tan minuciosos como sea posible. Si esto llega a ocurrir no será más que un juego divertido para todos nosotros que conocemos la verdad de mi pobreza».

Desde luego. Y una pobreza tan real, que llegaba a ser desesperante. Tanto que, en el mes de diciembre, vísperas de Navidad, una atribulada Alice Middleton escribió a Enrique VIII suplicando por la libertad de su marido, «prisionero en la Torre de Londres por espacio de más de ocho meses» y que, por tanto, es más que probable que le quede poco tiempo de vida «por su edad avanzada y por su continua enfermedad, por falta de comodidad y de buenos cuidados».

A la vez, le expone la precaria situación económica en la que se encuentran a causa de la confiscación de bienes y rentas y derechos de herencia, por lo que, con toda seguridad, se verán irremediablemente abocados al más completo desamparo.

No obstante, el rey Enrique hizo oídos sordos a aquellas súplicas.

Por eso, meses después, Alice Middleton insistió de nuevo en sus reclamaciones, ahora ante el secretario real Thomas Cromwell:

«La causa de que os escriba —dice— es informar a vuestra bondadosa señoría de mi grandísima y urgente necesidad. Además del costo de mi hogar, tengo que pagar quince chelines semanalmente por la pensión de mi pobre marido y la de su criado; para el mantenimiento me he visto obligada, por pura necesidad, a vender parte de mi ajuar personal por carecer de otras posesiones de donde sacar dinero».

Lady Alice tampoco recibió respuesta alguna a aquellas peticiones.

Quien sí ayudó a paliar en algo las necesidades de Thomas More fue su buen amigo Antonio Bonvisi, al hacerle llegar —tanto a él como al obispo Fisher—, con cierta frecuencia, ropa, comida y alguna que otra botella de vino mientras duró su confinamiento; regalos que, en ocasiones, no llegaban a su destino y quedaban en poder de los criados y guardianes de la Torre.

Durante aquellas Navidades, compartidas en el dolor, Thomas More no se olvidó de su compañero de prisión, John Fisher. El día de su santo, el 27 de diciembre, le envió para felicitarle una estampa de san Juan Evangelista, junto con unas cuantas manzanas y naranjas. Y el día de Año Nuevo de 1535, siguiendo la costumbre de intercambiarse regalos las personas que se aprecian, le hizo llegar una imagen de la Epifanía y, como no tenía nada de valor que ofrecerle, escribió en un trozo de papel —imaginando la amplia sonrisa que se dibujaría en el rostro del obispo—, como si fuera un vale: «2.000 libras de oro».

Cuatro meses después de la promulgación de la Ley de Supremacía, y para hacer realidad aquellas amenazas, se dictaron varias leyes de imputación.

Por ellas fueron condenados a muerte el prior de la cartuja de Londres —«¿Cómo puede ser un seglar la cabeza de la Iglesia inglesa?», objetó a sus jueces—, así como los priores de la cartuja de Axholme y de Beauvale. Todos ellos fueron trasladados a la Torre, en donde ya se encontraba también Richard Reynolds, el prior del monasterio de Sión, por haberse igualmente negado a prestar juramento. Allí permanecieron prisioneros hasta que llegara el momento de cumplirse la sentencia.

El último día de abril, un viernes por la tarde, sir Thomas More recibió la visita del secretario real Thomas Cromwell, a quien le acompañaban otros lores miembros del Consejo. En una sala le aguardaban sentados, además del secretario, el procurador general Christopher Hales y el solicitador Richard Rich. También estaban presentes master Thomas Bedyll y el doctor John Tregomwell, asimismo miembros del Consejo real.

—Bien, master More —dijo Cromwell, ofreciéndole asiento—, sentaos entre nosotros.

—De ningún modo, milord —respondió el prisionero, pretendiendo guardar las distancias—. Estoy bien así..., de pie.

—No dudo, master More —prosiguió luego el secretario— que conoceréis las nuevas leyes aprobadas en la última sesión del Parlamento.

—Así es —respondió More—. Pero como aquí no tengo con quién hablar, pensé que no era necesario dedicar tiempo a su estudio, por lo que no me fijé ni esforcé por aprenderlas de memoria.

—¿Habéis leído —le preguntó de nuevo, en un tono malicioso— la primera de ellas? La que establece a su majestad como... Cabeza Suprema de la Iglesia.

—Sí, milord —respondió More, con sequedad.

—Bien, bien. Porque es deseo expreso del rey —explicó Cromwell— que los miembros del Consejo aquí reunidos os pregunten cuál es vuestra opinión, qué pensáis de ello.

—En verdad —respondió More—, había confiado que su alteza el rey nunca hubiera mandado que se me exigiera tal respuesta, pues desde el principio del asunto le he expresado mi parecer de una manera clara y leal, y también a vos, señor secretario, tanto de palabra como por escrito. Pero ahora, y lo digo con total sinceridad, en mi mente ya no tienen cabida estas cuestiones, y no voy a disputar los títulos del rey o del Papa. Soy y seré fiel y leal súbdito del rey, y todos los días rezo por él, por todos los suyos, y por vosotros que sois miembros de su honorable Consejo, y aun por todo el reino. Fuera de eso, no pretendo entremeterme en ningún asunto terreno; ya no me interesa.

—Master More —continuó el secretario—, mucho me temo que a su majestad no le va a satisfacer ni agradar vuestra respuesta; estoy convencido de que exigiría una contestación más completa y precisa. Sí, me temo que sí.

Luego añadió, en un tono zalamero:

—Master Thomas, master Thomas, su majestad no es un príncipe riguroso sino, al contrario, compasivo y misericordioso. Y en vuestro caso, mucho se alegraría viéndoos seguir caminos más... sumisos. De ese modo, pronto podríais estar fuera de estos muros, libre en el mundo y en compañía de las demás personas libres, como antes.

—Milord —volvió a repetir Thomas—, ya no me interesan los negocios de este mundo, aunque me ofrecieran el mundo entero. Insisto en que estoy firmemente decidido a no intervenir ni inmiscuirme en asuntos mundanos..., pues toda mi ocupación será meditar sobre la pasión de Cristo y prepararme para mi propia salida de este mundo.

—Pues si lo mismo os da, master More, estar fuera de este mundo que seguir en él, ¿por qué no decís lo que pensáis y habláis claramente en contra de la ley?

—Al parecer —contestó More— no me gusta morir. No soy hombre de vida tan santa que pueda ofrecerme con tanta valentía a la muerte, no sea que Dios, por mi presunción, permita que tropiece. Pero si Dios mismo me conduce a ella, confío entonces que en su gran misericordia no dejará de asistirme con su gracia y su fortaleza.

Viendo que no quería exponer las razones de su rechazo al juramento, le ordenaron salir de la sala para conferenciar entre sí.

Al cabo de poco tiempo fue llamado de nuevo.

—Master More —volvió a insistir Cromwell—, aunque estáis prisionero y condenado a cadena perpetua, no por eso estáis exento de obedecer y mostrar fidelidad a su majestad, el rey. ¿Pensáis que su majestad tiene poder para exigir de vos todo lo que se advierte en las leyes e imponeros las mismas penas que puede imponer a otros hombres?

—No diría yo lo contrario —respondió el prisionero.

—¡Pues del mismo modo que su majestad se muestra benigno con los que le son sumisos, de igual modo aplicará el rigor de las leyes contra quienes se muestran obstinados! —amenazó, airado, el secretario.

—Soy un fiel y verdadero súbdito del rey —contestó More, con firmeza—, y a diario rezo por él, por todos los suyos y por todo su reino. A nadie hago daño, de nadie hablo mal, ni pienso mal de nadie, a todos les deseo el bien... Y si esto no es suficiente para mantener a un hombre con vida, la verdad, no deseo vivir más. ¡Ojalá mi muerte pueda traer a su majestad algún bien!

Luego, el prisionero fue devuelto a su celda.

El día señalado para la ejecución de los cartujos, la mañana del 4 de mayo de 1535, sir Thomas More los vio salir de la Torre desde la ventana de su cuarto, a la que se había asomado atraído por el ruido de las armas de los soldados y el piafar de los caballos.

Y no fue coincidencia que precisamente ese día hubieran accedido —sabían utilizar todos los recursos de tortura— a que el prisionero recibiera la visita de su hija Margaret, como un doloroso y trágico presagio. Ambos, juntos de pie, contemplaban ahora, con el corazón encogido y angustiado, cómo aquellos padres cartujos eran conducidos hacia las horcas de Tyburn.

—Mira, Meg, mira —dijo a su hija, también para fortalecer su corazón—, ¿no ves cómo estos benditos padres caminan a la muerte alegres como el novio a su boda?

Margaret abrazada a su padre, lloraba amargas lágrimas en silencio...

—Aquí puedes ver, querida hija, —prosiguió Thomas— la diferencia tan grande que hay entre los que han pasado santamente sus días en una vida disciplinada y penitente y los que, como ha hecho tu pobre padre, han gastado todo su tiempo en la tierra de manera desordenada en el placer y la comodidad. Por eso, teniendo en cuenta su vida de penitencia, Dios ya no quiere que permanezcan más en este valle de miserias, sino que se los lleva de aquí a toda prisa para gozar de su Divinidad sin fin, mientras que tu estúpido padre, Meg, que, como un canalla, ha pasado toda su miserable vida de la manera más pecaminosa, como Dios no me cree digno de llegar tan pronto a aquella felicidad eterna, me deja aquí, todavía, en el mundo..., para que esté aún más hundido y siga aún zarandeado por la miseria.

El día 3 de junio Thomas More fue convocado a un nuevo interrogatorio. En esta ocasión, estaban allí presentes el arzobispo de Canterbury, el lord canciller y el secretario real, además de otros miembros del Consejo privado, para arrancarle «por todos los medios posibles que confesara de manera exacta y precisa la supremacía o que de manera exacta y precisa la negara».

—Master More —dijo el lord secretario—, su majestad considera que con vuestra obstinada conducta estáis siendo ocasión de mucho daño y de nociva influencia para el reino, y ello es una clara muestra de vuestra mala voluntad hacia su majestad. Así pues, es vuestro deber o bien reconocer y expresar que su título de Cabeza Suprema de la Iglesia es legítimo, o bien expresar sin más rodeos vuestra mala voluntad.

—Milord —respondió More—, como no albergo ninguna mala voluntad hacia su majestad, no puedo, por consiguiente, expresarla. Y en lo que se refiere a la otra cuestión no puedo decir sino lo que ya he repetido en otras ocasiones a vuestra señoría.

—¿Os dais cuenta, master Thomas —intervino el lord canciller—, que su majestad puede con sus leyes forzaros, de una manera u otra, a responder con toda claridad?

—No es mi intención desafiar la autoridad del rey, milord canciller, pero si mi conciencia se opone a las leyes, de las que no he dicho ni hecho nada en contra de ellas, dura cosa sería obligarme a decir algo a su favor para la condenación de mi alma, o en su contra para la pérdida de mi cuerpo.

—¿Acaso cuando vos erais canciller —tomó de nuevo la palabra el lord secretario—, no habías interrogado a los herejes y exigido una respuesta precisa sobre si creían o no que el Papa era la Cabeza de la Iglesia? ¿Por qué, entonces, no puede el rey forzaros a responder con la misma precisión, cuando existe una ley por la cual su majestad es Cabeza de la Iglesia en Inglaterra?

—Sin pretender entrar en disputas, mucho me temo, lord secretario, que el caso no es el mismo; porque en aquel tiempo, la autoridad del Papa se reconocía como algo indudable tanto aquí como en toda la Cristiandad, lo que no parece que sea igual es que una cosa sea aceptada como verdad en este reino y la contraria en otros reinos.

—¡Pero tan quemados vivos eran unos por negar aquello —exclamó, airado, el secretario— como son decapitados otros por negar esto! ¡Por consiguiente, la misma razón existe para forzaros a una respuesta concreta tanto en un caso como en otro!

—Como un hombre —respondió Thomas— no está obligado en conciencia a obedecer una ley de un solo reino cuando hay una ley contraria en materia de fe para todos los cristianos, lo razonable o irrazonable al obligar a un hombre a dar una respuesta precisa no está en la distinción entre la decapitación y la hoguera, sino entre la decapitación y el infierno.

Así pues, al rechazar Thomas More una vez más el juramento que se le ofrecía, lo volvieron a conducir a su celda.

Poco tiempo después, vinieron a su cuarto a confiscar los libros, la Biblia, su Libro de Horas, y otros de lectura espiritual —que tanto consuelo le proporcionaban—, y otras pertenencias, tinta y papel, para evitar —según decían— que pudiera tener comunicación con otras personas.

Mientras dos servidores estaban ocupados en esta tarea, el solicitador general Richard Rich le dijo aparentando entablar confidencial conversación:

—Master More, todo el mundo sabe que sois hombre inteligente y culto tanto en leyes del reino como en otros asuntos. Os ruego, pues, que me perdonéis la osadía de proponeros, sin malicia, un caso. Suponed, sir, que existiera una ley del Parlamento por la que todo el país me hubiera de reconocer como soberano. ¿Me aceptaríais como rey, master More?

—Sí, milord —respondió More—. Así lo haría, en efecto.

—Suponed ahora —continuó Rich— que hubiera una ley del Parlamento según la cual todo el reino debería aceptarme como papa. ¿Me reconoceríais, master More, como papa?

—En respuesta a vuestro primer caso, master Rich —contestó sir Thomas More—, el Parlamento bien puede intervenir en los asuntos de los soberanos de esta tierra. Ahora bien, para responder al otro caso, yo, a mi vez, os propondré éste: Suponed que el Parlamento aprobara una ley por la cual Dios no debería ser Dios. ¿Diríais, entonces, master Rich, que Dios no es Dios?

—No, sir, eso no lo haría —respondió su interlocutor—, ya que ningún Parlamento puede aprobar una ley así.

Thomas More guardó un largo silencio..., y dejó que fuera Rich quien sacara la conclusión.

—Bien, milord —dijo Rich interpretando aquel silencio, cuando se despedía—, que Dios os ayude y se apiade de vos; veo que seguís obstinado en vuestra manera de pensar, y mucho me temo que esto sea peligroso para vos.

Mientras tanto, los que le acompañaban terminaron de introducir los libros, manuscritos y otros utensilios de escribir en un saco, y, al cabo, se fueron dejándole solo. Entre los papeles y manuscritos que se habían llevado figuraba un tratado que estaba componiendo, *De tristicia Christi*, sobre la agonía de Cristo, que quedó definitivamente inconcluso.

Acto seguido, sir Thomas cerró las contraventanas dejando el cuarto en la más completa oscuridad. Cuando el carcelero, extrañado de su comportamiento, le preguntó el motivo, cuando todavía era de día, respondió el prisionero, no sin una pizca de humor:

—Cuando os confiscan la mercancía y los instrumentos de trabajo, ya solo queda echar el cierre a la tienda.

El jueves 17 de junio, el obispo de Rochester, John Fisher, fue llevado a juicio por declarar que «el rey nuestro soberano no es la Cabeza Suprema de la Iglesia de Inglaterra». Palabras proferidas durante una conversación mantenida con Richard Rich, cuando éste le preguntó su parecer, como mera información particular para el rey, pero que nunca —Rich le dio su promesa— se utilizarían como una prueba inculpatoria.

El tribunal rechazó la alegación de Fisher de que no habían sido pronunciadas «maliciosamente», pues sentenció que «cualquiera que negase la supremacía, la negaba maliciosamente».

El venerable obispo John Fisher fue condenado a muerte, acusado de traición al rey. La sentencia se cumplió el 22 de junio, en Tower Hill, antes de las diez de la mañana.

Fisher fue decapitado, y su cadáver estuvo expuesto, durante todo el día, a los ultrajes de todo aquel que pasara por el lugar.

Ya estaba oscureciendo cuando los soldados recibieron la orden de enterrarlo. Abrieron a golpe de lanza una escueta y superficial sepultura, lo imprescindible para cubrir de tierra un cuerpo ya consumido —no era más que piel y huesos—, en el cercano cementerio de All Hallows.

Al día siguiente, su cabeza aparecía clavada en una pica a la entrada del puente de Londres, recortándose sobre el azul del cielo.

Junto a ella, se elevaban también las cabezas de tres cartujos ajusticiados tres días antes en Tyburn. Para estos padres cartujos, la horca había significado poco menos que una liberación. En las dos semanas que permanecieron en la Torre a la espera del cumplimiento de la sentencia, habían recibido un trato cruel e inhumano; habían sido obligados a permanecer de pie, atados a un poste, con una argolla alrededor del cuello y con cadenas en los pies..., sin permitirles moverse de esa posición ni siquiera para hacer sus más elementales necesidades.

El despótico Enrique VIII, en poco más de un mes, había hecho ajusticiar, desde que iniciara su campaña de terror, prácticamente a todos los que no le habían reconocido como Cabeza Suprema de la Iglesia de Inglaterra.

Solo le faltaba Thomas More, y su hora no tardaría en llegar.

La hora de Thomas More: el juicio

El 1 de julio de 1535 sir Thomas More fue llamado a juicio. La vista fue en Westminster Hall. El jurado estaba presidido por lord Thomas Audley, actual canciller del reino; Thomas Cromwell, secretario del rey; y los duques de Norfolk y de Suffolk.

Sir Thomas entró en la sala lentamente, apoyándose en un bastón, y con un aspecto tan lamentable que movía a compasión, a causa de la debilidad, los padecimientos de la cárcel y las enfermedades. Estaba demacrado, y llamaba la atención la larga y canosa barba, que había dejado crecer durante sus meses de prisión.

A su paso, se fue haciendo un gran silencio.

Después de abrir la sesión, se dio pública lectura a la acusación.

—Este tribunal acusa a sir Thomas More de haber traicioneramente, maliciosamente y diabólicamente inventado, practicado e intentado privar totalmente a nuestro soberano señor el rey, de su dignidad, título y nombre de Suprema Cabeza en la tierra de la Iglesia de Inglaterra...

La acusación que More escuchaba se basaba en tres puntos: el primero hacía referencia a su opinión sobre el matrimonio de Enrique VIII con Ana Bolena y la Ley de Supremacía; el segundo punto estaba relacionado con la correspondencia que había mantenido con el obispo Fisher en la Torre; y el tercero, el de haberse puesto de acuerdo con el obispo de Rochester para responder del mismo modo a los miembros del Consejo cuando fueran interrogados.

El lord canciller, una vez que terminó de dar lectura a los cargos, se volvió luego hacia el acusado y le dijo:

—Sir Thomas More, muy gravemente os habéis equivocado con su majestad el rey.

—No obstante —medió el duque de Norfolk—, esperamos tanto de su clemencia y benignidad que si os queréis arrepentir y corregir de vuestra obstinada opinión, podéis alcanzar su gracia y perdón.

—Milores —respondió el acusado—, yo os agradezco de todo corazón vuestra buena voluntad. Solo ruego a Dios omnipotente le plazca mantenerme en esta opinión, de manera que pueda perseverar en ella hasta la muerte.

A causa de su gran debilidad y flaqueza —y atendiendo la petición del acusado—, se ordenó que trajesen una silla donde pudiese sentarse el reo.

Sir Thomas More tomó la palabra. Con voz cansada y algo apagada, pero firme, empezó a hablar en su descargo:

—En relación con el primer cargo y acusación, que por mostrar mi malicia y maldad contra el rey he puesto siempre resistencia contra el segundo matrimonio de su majestad, no quiero responder otra cosa sino que lo que he hecho ha sido según mi conciencia. Y si así no lo hubiese hecho, entonces sí hubiera sido desleal y traidor. Por este error, si error se puede llamar —continuó hablando More—, fui condenado a cárcel, en la cual ya he permanecido durante quince meses, y han sido confiscados todos mis bienes.

—También se os acusa, sir Thomas, de haber privado a su majestad el rey, de forma maliciosa, falsa y como traidor, de su debido nombre, título, honra y dignidad de Suprema Cabeza de la Iglesia Anglicana. Y prueba de ello es vuestra negativa a responder a las preguntas que os hicieron el lord secretario y otros honorables miembros del Consejo, con la excusa de estar muerto al mundo y pretender dedicaros solo a meditar sobre la pasión de Jesucristo.

—Por este silencio mío —se defendió More— vuestra ley no puede condenarme a muerte. Porque ninguna ley del mundo, ni tampoco las vuestras, pueden condenar a persona alguna sino por haber dicho o hecho algo, pero no por haber callado.

—Sin embargo, semejante silencio —objetó el procurador del rey— es demostración y prueba evidente de vuestra mala fe contra dicha ley. Porque todos los fieles y leales súbditos de su majestad tienen el deber y la obligación de responder, absolutamente y sin simulación, que esta ley es buena y santa.

—En verdad —respondió el acusado, con fina ironía—, si lo que la ley común dice de que el que calla otorga es cierto, mi silencio más bien debería entenderse antes como una aprobación que como un menosprecio. Y en lo que decís —continuó— que todos los fieles súbditos están obligados a responder, yo os digo que esto no es algo que concierna a la conciencia del súbdito leal. Porque más obligado está a su conciencia y a su alma que a ninguna cosa de este mundo, con tal que la conciencia del súbdito —como así es la mía— no engendre escándalo ni sedición a su señor. Y os puedo asegurar que lo que pienso en mi conciencia nunca lo manifesté a persona alguna del mundo.

El segundo cargo de la acusación estaba relacionado con su correspondencia con el obispo Fisher. Sir Thomas solicitó que se mostraran las cartas y se leyeran públicamente, para que fuese manifiesto a todos que su contenido trataba en exclusiva de asuntos familiares y propio de amigos.

—Que mi alma sea condenada —afirmó More— si yo escribí al obispo Fisher en otro sentido. Y en ellas no encontraréis, según vuestra ley, apoyo ni asidero con que podáis condenarme a muerte.

Pero como el criado del obispo las había destruido, se hacía del todo imposible examinar las pruebas solicitadas.

—En cuanto al tercer cargo que decís —expuso el acusado—, que siendo interrogado por el Consejo respondí que vuestra ley es como espada de dos filos, de manera que el que lo quisiere aprobar perdería el alma, y el que lo rechazara el cuerpo, y que del mismo modo respondió el obispo John Fisher, y que por esto consta que estábamos confabulados, yo os digo que no respondí sino condicionalmente, es decir, que si hubiese una ley —y subrayó el «si»— como espada que corta por ambos filos, ¿de qué manera puede actuar un hombre para no incurrir en uno de los dos peligros? Cómo respondió el obispo de Rochester, no lo sé; pero si respondió como yo, bien pudo ser por la conformidad de nuestra misma forma de ver las cosas y común doctrina.

Entonces fue llamado a declarar el solicitador real Richard Rich, principal y único testigo de cargo, quien, bajo juramento, dio una particular versión de la conversación mantenida con Thomas More en su celda, y que según la cual el acusado había afirmado que «así como el Parlamento sí podía nombrar y destituir a un rey, no podía hacer al rey Cabeza Suprema de la Iglesia».

El prisionero negó la exactitud de aquellas palabras, y dirigiéndose a la sala dijo:

—Milores, si yo fuera un hombre al que no le importara mucho hacer un juramento, es claro que no estaría aquí, y en este momento, como persona acusada en este caso. Y si es verdad, master Rich, el juramento que aquí habéis prestado —dijo dirigiéndose al procurador—, suplico a Dios que nunca yo le vea cara a cara. ¡Palabras que nunca me atrevería a pronunciar, aunque me diesen el mundo entero, si vuestra declaración fuese verdad!

Luego expuso al tribunal la conversación mantenida en la celda, de acuerdo con lo que realmente sucedió:

—Sinceramente, master Rich —agregó, profundamente apenado— me duele más vuestro perjurio que el peligro que me amenaza.

Y dirigiéndose a la presidencia, dijo señalando con el dedo a Rich como persona exenta de credibilidad y honor:

—¿Acaso puede parecer probable a sus honorables señorías que yo, en un asunto tan grave, fuera tan loco y temerario como para confiar en master Rich, un hombre al que siempre he tenido por tan poco veraz, como han escuchado sus señorías, y que por encima de mi soberano señor el rey o de cualquiera de sus nobles consejeros, le hubiera comunicado a él, ¡precisamente a él!, los secretos de mi conciencia en lo que respecta a la supremacía? ¿Algo que nunca revelé, ni revelaría después de esa ley, ni al rey ni a ninguno de sus consejeros que fueron enviados de su parte a verme en la Torre con ese propósito? ¿Es posible, milores, que eso que dice master Rich pueda tener alguna probabilidad de ser verdad?

Entonces fueron llamados a declarar, a petición de Richard Rich, los dos testigos que estuvieron presentes durante la conversación; pero éstos excusaron toda responsabilidad respondiendo que no prestaron ninguna atención a la conversación, puesto que estaban ocupados en recoger los libros y papeles del prisionero.

El jurado, compuesto por catorce hombres, pasó luego a deliberar la culpabilidad o inocencia del acusado, teniendo como única prueba la declaración y el juramento de Richard Rich.

A pesar de la escasez y debilidad de las pruebas presentadas, cuando regresaron a la sala, al cabo de quince escasos minutos de deliberación, se dirigieron a los lores y jueces para pronunciar sentencia:

—Declaramos a sir Thomas More culpable de haber contravenido maliciosamente la ley —dijo su portavoz.

Lo que era tanto como declararlo condenado a muerte.

Thomas Audley, como lord canciller de Inglaterra, comenzó a continuación, con voz solemne, a pronunciar la sentencia.

—A tenor de la nueva ley, el reo de alta traición sir Thomas More, después de ser arrastrado por las calles de la ciudad de Londres camino de Tyburn, será ahorcado; todavía con vida, se cortará la cuerda, se le extraerán las entrañas para ser quemadas, se le cortará la cabeza y se le descuartizará el cuerpo; la cabeza y las cuatro partes se colocarán donde su majestad se digne disponer...

Thomas More oía como si la voz le llegara desde muy lejos. En su interior reflexionaba que, en su defensa, ya no le quedaba nada más por hacer. Que la muerte era segura. Por eso decide, ahora y en este momento, hablar. Exponer con voz clara y alta, ante los jueces y asistentes a la sala, lo que tanto tiempo había mantenido en el secreto de su conciencia. Porque su condena a muerte no obedece a razones políticas —no ha contravenido ninguna ley—, sino a cuestiones puramente religiosas.

—Milord canciller —interrumpió More—, cuando yo todavía era juez, era costumbre en casos como éste preguntar al prisionero, antes de dictar la pena de la sentencia, por qué razón no debería ser condenado.

Un murmullo grave recorrió todos los rincones de la sala.

—¿Qué podéis decir, master More, en contra del veredicto? —preguntó el canciller después de una pausa, visiblemente molesto.

—Mi lord —dijo con sencillez Thomas More—, puesto que estáis dispuesto a condenarme, ¡y Dios sabe cómo!, para desahogo de mi conciencia quiero exponer, clara y libremente, mi opinión sobre la acusación y sobre la ley.

Después de una pausa, prosiguió:

—Esta acusación está basada en una ley del Parlamento que se opone a las leyes de Dios y de su santa Iglesia, cuyo supremo gobierno, ya sea en su totalidad o en alguna de sus partes, ningún príncipe de este mundo puede pretender arrogarse a través de ninguna ley. Pues por derecho, únicamente corresponde a la Sede de Roma, ya que esa preeminencia espiritual fue otorgada como especial privilegio por el mismo Jesucristo solo a san Pedro y a los obispos, sus sucesores. En consecuencia, esta ley resulta insuficiente en derecho para que un cristiano pueda acusar a otro cristiano.

Prueba de ello —continuó en su defensa— es que este reino de Inglaterra, que no es más que un miembro y una parte de la Iglesia, no puede aprobar una ley que no esté de acuerdo con la ley general de la Iglesia Católica y universal de Cristo. Más aún, es contraria a lo establecido en la Carta Magna, y contraria también al sagrado juramento prestado por su alteza el rey en el momento de su coronación.

El lord canciller tomó de nuevo la palabra:

—Puesto que todos los obispos, las universidades y los más doctos están de acuerdo con esta ley, ¿no es de asombrar, master More, que solo vos la rechacéis y de forma tan obstinada?

—Si el número de obispos y universidades es tan importante —repuso More— como su señoría da a entender, no veo por qué razón yo deba modificar mi conciencia. Porque no me cabe duda de que en toda la Cristiandad, de entre los obispos doctos y hombres virtuosos que todavía viven, no será una pequeña parte los que piensen como yo sobre este asunto. Y entre los que ya han muerto, muchos de ellos ahora santos en el cielo, estoy seguro de que la mayoría, en vida, pensaron en este caso de la misma manera que yo ahora. Por consiguiente —concluyó More— no estoy obligado, milord, a adaptar mi conciencia al Consejo de un reino si éste va en contra del Consejo universal de la Cristiandad.

—¡Ahora se ve con toda claridad, master More, vuestra malicia! —interrumpió con brusquedad el duque de Norfolk.

—Milord... —respondió More—, es la pura necesidad la que me obliga a hablar en descargo y satisfacción de mi conciencia, y de esto pongo a Dios por testigo, pues sólo Él conoce los corazones humanos. Yo sé muy bien —continuó— que me habéis condenado a muerte no tanto por la aplicación de la Ley de Supremacía..., ¡sino porque no habéis oído de mis labios que estuviera de acuerdo con el segundo matrimonio del rey!

Thomas More recriminaba a sus acusadores de cobardía y de complicidad en el «asunto» del rey. Y que todas las leyes aprobadas en el Parlamento, en ese sentido, no tenían otra finalidad que la de justificar la actitud prepotente y lujuriosa de Enrique Tudor.

El lord canciller, visiblemente alterado, se removía inquieto en su sillón. Y allí mismo, en público y a la vista de todos, a pesar de que los miembros del jurado ya habían dictado sentencia de culpabilidad, se dirigió a lord Fitzjames, juez supremo del Tribunal Real, para preguntarle si la acusación era suficiente o no para la condena.

—¡Por san Julián!, milores —exclamó a oídos de todos, en un alarde de ambigüedad—, tengo que confesar que, según mi entender, si la ley del Parlamento no es ilegal, la acusación no es insuficiente.

Inmediatamente después de estas palabras, el lord canciller volvió a pronunciar la fórmula de la sentencia de muerte:

—A tenor de la nueva ley, el reo de alta traición después de ser arrastrado por las calles de la ciudad de Londres camino de Tyburn...

Y una vez que hubo acabado, volvió a preguntar al reo, en nombre de todos los miembros de la comisión:

—¿Tiene el acusado algo más que declarar?

—No tengo nada más que decir, milores —respondió con entereza sir Thomas More, dirigiéndose a sus jueces—, sino que al igual que el bienaventurado apóstol san Pablo, antes de su conversión, estuvo presente y consintió en la muerte de san Esteban al guardar las túnicas de los que le apedreaban hasta darle muerte y, sin embargo, los dos son ahora santos en el cielo y serán siempre amigos, así también confío de verdad y rezaré para que, a pesar de que sus señorías han sido aquí en la tierra los jueces de mi condena, podamos luego encontrarnos gozosos en el cielo, en eterna salvación. También deseo que Dios todopoderoso preserve y defienda a su majestad el rey y le inspire siempre buen consejo.

Luego, Thomas More calló y permaneció en silencio.

Los jueces se levantaron, y poco a poco se fue despejando la conturbada sala.

En la antesala de la muerte

—¡Ya salen! ¡Ya salen! —gritó uno de los que se habían congregado a las puertas de Westminster Hall.

—¡Mirad, el alguacil que va delante lleva el hacha con el filo dirigido hacia sir Thomas More! —exclamó otro.

—Sí, no hay duda. Le han condenado a muerte —afirmó una tercera persona.

John, el hijo de Thomas, que aguardaba a cierta distancia, consiguió abrirse paso entre el gentío y, poniéndose de rodillas, le pidió, emocionado, su bendición.

El gobernador de la Torre, sir William Kingston, que comandaba la escolta de soldados, se dispuso a conducir a sir Thomas More de nuevo a su celda.

Antes de llegar a los muros de la fortaleza, master Kingston, que era buen amigo de More, con lágrimas en los ojos, se despidió de él sin poder contener su dolor. Fue Thomas quien le tuvo que consolar, cuando era él, Kingston, el que debía fortalecer el corazón del amigo:

—Mi querido Kingston —le dijo, abrazándole— no os preocupéis y levantad el ánimo. Yo rezaré para que vos y mi querida señora, vuestra esposa, podamos reunirnos en el cielo, donde seremos felices siempre y para siempre.

En el embarcadero de la Torre, lugar por el que debía pasar la comitiva que custodiaba al preso, otra multitud de curiosos se apretujaba. Allí se encontraban también —en tensa espera— Margaret y su marido William Roper, así como Margaret Clement, la hija adoptada, quienes, pensando que ya no le verían nunca más, deseaban recibir su última bendición.

En cuanto aparecieron los guardias, Margaret Roper buscó a su padre con los ojos. Sus miradas se encontraron, y arrodillados recibieron la bendición.

Pero Margaret, sin pensarlo, como arrastrada por una fuerza irresistible se abrió paso entre el compacto gentío y la compañía de soldados que con espadas y lanzas le rodeaban, y se abalanzó sobre su padre.

—¡Padre! ¡Padre!

Y allí, a la vista de todos, le abrazó echándole los brazos al cuello, y besándole una y otra vez, sin poder articular palabra alguna, reteniéndole durante un breve espacio de tiempo fuertemente abrazado.

Su padre, pidiendo licencia a los arqueros, le dijo conmovido:

—Margaret, ten paciencia y no te atormentes tanto, pues así lo quiere Dios. Tú conoces bien, desde hace ya mucho tiempo, el anhelo de mi corazón.

La comitiva reemprendió la marcha. Pero habiendo avanzado unos diez o doce pasos más, Margaret, de repente, se volvió otra vez, corrió hacia su padre como antes, le echó de nuevo los brazos al cuello y le besó repetidas veces, muy tiernamente.

El padre, afligido y con lágrimas en los ojos, sin mover apenas los labios, musitó:

—Meg, ruega a Dios por mi alma.

Margaret, con el corazón roto y dolorido, en un llanto convulso, al cabo hubo de resignarse a separarse de él y dejarle partir. William Roper, su marido, la sujetaba para que no cayera rendida por el dolor.

Al fin, las pesadas puertas de la fortaleza se cerraron tras el preso.

A la espera de que llegara el momento de la ejecución —ignoraba cuándo sería—, Thomas More, en su celda, se recogió en oración.

El lunes 5 de julio envió a su hija Margaret la camisa de pelo áspero que hasta entonces había estado llevando —no quería que la vieran— y una carta escrita con un carbón, en la que se despide de todos sus hijos y familiares, da una serie de recomendaciones y encargos, y agradece a cada uno todo lo que han hecho por él:

«Hija mía, nunca me ha gustado tanto tu comportamiento conmigo como cuando me besaste la última vez, porque me gusta ver cómo la caridad tierna y el amor filial no tienen tiempo de considerar los respetos humanos (...). Queda con Dios, mi querida hija, y reza por mí, que yo rezaré por ti y por todos tus seres queridos, para que nos reunamos felices en el cielo. Gracias por todo lo que has hecho por mí».

A la mañana siguiente, 6 de julio, víspera de la festividad de santo Thomas Becket, otro mártir en defensa del honor de la Iglesia, a horas muy tempranas, recibió Thomas More la visita de un antiguo conocido, sir Thomas Pope.

El preso le recibió con el semblante tranquilo, incluso alegre. La noche anterior había dormido sosegadamente, y ya había desayunado un tazón de leche.

—Master Pope, ¿qué os trae por aquí? —saludó.

Sir Thomas Pope, funcionario judicial, había venido a transmitirle un mensaje de parte del rey y del Consejo.

—Master More —le dijo, con gesto compungido—, es voluntad de su majestad el rey que la sentencia se cumpla... hoy..., antes de las nueve en punto de esta mañana. Creo..., creo que debéis prepararos sir Thomas.

—¡Master Pope —respondió More, con no disimulada alegría—, de todo corazón os doy las gracias por vuestras buenas noticias!

—También os comunico —continuó Pope— que su majestad, llevado de su clemencia, ha conmutado la pena de la horca por la decapitación con hacha.

—No permita Dios —comentó, con humor, el reo— que el rey tenga tales clemencias con mis amigos.

—Es deseo del rey, asimismo —insistió el mensajero, con un nudo en la garganta que le quebró la voz—, que... que no utilicéis muchas palabras en el momento de la ejecución.

Enrique Tudor aún temía el poder de la elocuencia de su prisionero; no en vano había sido *speaker* del Parlamento.

—Hacéis bien, master Pope, en advertirme del deseo de su majestad porque tenía intención de decir algo en ese momento. Pero nada que pudiese ofender al rey... o a cualquier otra persona. A pesar de ello, estoy dispuesto a acatar la orden de su majestad. Pero os ruego, mi buen master Pope, que intercedáis ante el rey para que mi hija Margaret pueda estar presente en mi entierro.

—Al rey ya le parece bien que vuestra esposa, hijos y otros amigos vuestros tengan la libertad de estar presentes.

—Oh, cuánto más obligado estoy, entonces, a su majestad, para que tenga tanta consideración en mi entierro.

Al final, cuando se despedía de More, master Pope no pudo evitar que se le saltaran las lágrimas.

—Tranquilizaos, mi buen Pope —le confortó More—, no tengáis pena. Porque confío que, una vez en el cielo, nos veremos llenos de alegría, con la certeza de vivir y amar en gozosa felicidad por toda la eternidad.

Al llegar la hora indicada, el lugarteniente se presentó para avisarle. Sir Thomas More quiso ponerse su mejor ropa, una capa de seda, regalo de su amigo Bonvisi, como si en vez de al patíbulo se dirigiera a una fiesta. Al lugarteniente le costó convencerle de que se la quitara, pues con toda probabilidad iría a parar como despojo a manos del verdugo, que no era más que un bellaco.

—¿Bellaco, señor lugarteniente —exclamó More—, el que me va a hacer hoy tan importante favor?

Thomas More, al fin, accedió a quitarse la capa, no sin dejar dispuesto que del poco dinero que le quedaba diesen al verdugo una moneda de oro. Y se vistió una tosca túnica gris, perteneciente a su criado John à Wood. Al salir de la prisión llevaba, en una mano, una cruz de color rojo.

Flanqueado por los soldados que iban al mando del lugarteniente de la Torre, sir Thomas More se puso en camino hacia el lugar del patíbulo, a tan solo unos pocos pasos... de la eternidad.

★ ★ ★

Su hija adoptiva Margaret Clement, desde que le divisó —fue el único miembro de su familia que estuvo presente en la ejecución, y sin que él lo supiera—, notó cómo la sangre le golpeaba con fuerza en las sienes.

Los tambores, situados junto al cadalso, resonaron con fuerza, quizá para acallar cualquier posible muestra de descontento o de débil protesta.

Y cerró los ojos...

Cuando al fin pudo abrirlos, le pareció que había transcurrido por su mente mucho tiempo, mucho tiempo, toda una vida.

Luego observó que la muchedumbre se había ya dispersado, pero aún quedaban aquí y allá pequeños grupos de gente que seguían comentando, en voz baja, los inopinados sucesos de aquel día de julio.

—Margaret, vámonos...

Su retina aún seguía conservando en vivos colores los trazos de un doloroso cuadro, que ya no podría dejar de contemplar el resto de su vida.

Sir Thomas More había entregado su vida en defensa de la unidad de la Iglesia, en defensa de la supremacía del romano Pontífice y en defensa de la libertad de su conciencia.

Epílogo

Poco tiempo después de que la gente empezara a frecuentar la sepultura del mártir Thomas More, sus restos fueron arrojados a un osario común para evitar así su reconocimiento y que el lugar se convirtiera en un punto de peregrinación.

La cabeza de sir Thomas estuvo expuesta en el puente de Londres durante un mes. Antes de que fuera arrojada al fondo del río, su hija Margaret logró sobornar al encargado para que se la entregara, amorosa reliquia que conservó durante toda su vida. A su muerte, la cabeza, guardada en una caja, fue enterrada con ella en la cripta de los Roper, en Saint Dunstan de Canterbury.

Catalina de Aragón, la reina desgraciada, fue recluida en su retiro de Kimbolton. Cayó enferma de gravedad en la Navidad de aquel año de 1535, y pocos días después, el 7 de enero de 1536, entregaba piadosamente su alma a Dios.

Ese mismo día, Ana Bolena daba a luz un niño, que nació muerto. Poco tiempo después, fue acusada de adulterio, y decapitada el 19 de mayo de 1536.

Al día siguiente, 20 de mayo, Enrique VIII se comprometía con Jane Seymour, que también había sido dama de honor de la reina. De ella tuvo Enrique el tan deseado heredero, el futuro Eduardo VI, pero Jane quedó muy débil y murió a los quince días de haberse producido el nacimiento.

En 1540, con el propósito de reforzar los lazos con la Europa protestante, Enrique Tudor casó con Ana de Cleves, enamorado del retrato en miniatura que de ella pintara Hans Holbein. Pero cuando la joven llegó a Inglaterra, la repudió de inmediato al sentirse engañado, pues la Ana de Cleves retratada por Holbein no se parecía en nada a la Ana de Cleves en carne y hueso, mucho menos agraciada.

El todopoderoso Thomas Cromwell, que había sido el artífice en el acuerdo del matrimonio con Ana de Cleves, pronto cayó también en desgracia. Fue acusado de traición y decapitado el 28 de julio de 1540.

El día en que Cromwell era ejecutado, Enrique VIII se casaba por quinta vez. La nueva reina era Catherine Howard, una de las sobrinas del duque de Norfolk, y prima de Ana Bolena. Katherine también fue decapitada, acusada de adulterio y traición, el 13 de febrero de 1542.

Enrique Tudor, en julio de 1543, se casó por sexta vez. En esta ocasión con Katherine Parr, cuando ésta enviudó de su ya anciano esposo lord Latimer.

Al fin, Enrique VIII, ya obeso, enfermo y paranoico, exhaló su último suspiro en el palacio de Saint James en Londres, el 28 de enero de 1547. Katherine Parr se casaría de nuevo con su anterior pretendiente, Thomas Seymour, pero murió de parto al año siguiente.

Por su parte, el ignominioso Richard Rich, hombre sin escrúpulos y político ambicioso y oportunista, tuvo un papel muy destacado en la reforma Tudor. Su celo en el despojo y la disolución de monasterios, le valió el sobrenombre de «Martillo de conventos». Y hasta llegó a ser nombrado lord canciller de Inglaterra —paradojas de la Historia— bajo el reinado de la católica María Tudor.

ANEXO
Epitafio de Chelsea*

Thomas More, nacido en la ciudad de Londres, de familia honorable, sin ser ilustre, y un tanto entendido en letras, tras haber ejercido como abogado ante los tribunales durante algunos años de su juventud y administrado justicia como *under-sheriff* en aquella ciudad, fue llamado a la corte por el invencible rey Enrique VIII (que fue el único entre los reyes que mereció la gloria de ser justamente llamado Defensor de la Fe, título ganado con la espada y con la pluma). Se le nombró miembro del Consejo, fue hecho caballero, luego vicetesorero y más tarde canciller del ducado de Lancaster y, finalmente, por la gran bondad del rey, canciller de Inglaterra.

Entre tanto, fue también elegido *speaker* de la cámara de los Comunes, y designado embajador del rey en diversas ocasiones y lugares: la última de ellas en Cambrai, como colaborador y colega de Cuthbert Tunstall, que presidía a los enviados, entonces obispo de Londres y, desde esas fechas, de Durham, persona de ciencia, sabiduría y virtud como no podrá encontrarse otro en el mundo. Como embajador, tuvo la gran alegría de presenciar la renovación de la alianza entre los más grandes monarcas de la Cristiandad y la restauración por tanto tiempo

---

*Reproducimos el texto íntegro del epitafio que Thomas More hizo grabar en su tumba.

deseada de la paz en el mundo: quiera el cielo consolidar y hacer perpetua esta paz.

En el desempeño de estos cargos y honores fue tal su conducta que su noble señor nada tuvo que objetar a sus servicios ni se hizo odioso a los nobles ni antipático al pueblo. Causó preocupación solo a los ladrones, asesinos y herejes.

Su padre, el caballero John More, fue elegido por el rey juez del Tribunal Real; era un hombre cortés, amable, intachable, piadoso, indulgente, honrado y sincero; aun avanzado en años, se mantenía con gran fuerza para una persona de su edad. Luego de ver cómo su hijo era nombrado canciller de Inglaterra, juzgando que su vida había acabado en esta tierra, partió alegre a la vida del cielo. Cuando vivía el padre, su hijo siempre se le comparó, llamándosele el «joven More». Y ahora echando en falta a su padre y viendo los cuatro hijos que había tenido y los once nietos, empezó a considerar que estaba envejeciendo. Este sentimiento se vio acrecentado, como otro síntoma de que se acercaba la vejez, por un fuerte dolor en el pecho, que se le desarrolló a continuación.

Harto ahora de estas cosas caducas renunció a su cargo y alcanzó al fin, por incomparable favor de su muy bondadoso soberano, a quien Dios acompañe en todas sus empresas, la meta que desde la juventud había deseado: pudo disponer para sí de sus últimos años, apartándose poco a poco de los asuntos de esta vida para meditar sobre la vida eterna en el otro mundo.

Hizo luego construir su sepulcro, como permanente recuerdo de la inevitable cercanía de la muerte y quiso que allí reposaran los restos de su primera esposa. Para que no lo haya erigido en vano mientras vive, y que no tiemble ante el horror de la cercana muerte sino que vaya a su encuentro con alegría, con deseos de encontrar a Jesucristo, y que la muerte no sea muerte eterna sino la entrada a una vida feliz, ayudadle. Así os lo suplico, querido lector, con vuestras oraciones mientras está en la tierra y también cuando haya muerto.

Aquí yace Jane, mi querida mujercita. Yo, Thomas More, quiero que este sepulcro acoja también a Alice y a mí. La primera, mi mujer en los días de mi juventud, me hizo padre de un hijo y de tres hijas. La otra amó a sus hijastros —cosa rara en una madrastra— con tanta intensidad que rara es aun en una madre con respecto a sus propios hijos. Una terminó su vida a mi lado, la otra aún la comparte y de una forma tal que no soy capaz de juzgar si amé más a la primera o amo más a la segunda.

¡Qué felices hubiéramos sido los tres juntos, si el destino y la moral lo hubieran permitido! Rezo, pues, para que la tumba —como el Cielo— nos unan. La muerte nos dará lo que no nos pudo dar la vida. 1532

Bibliografía

BERGLAR, PETER: *La hora de Tomás Moro*. Ed. Palabra. Madrid, 1998.

MORE, THOMAS: *Utopía*. (Edición y traducción de Pedro Voltes). Ed. Espasa Calpe. Madrid, 1999.

—: *Utopía*. (Edición de Emilio García Estébanez). Ed. Akal. Madrid, 1997.

—: *Un hombre solo: Cartas desde la Torre, 1534-1535*. (Traducción, introducción y notas de Álvaro de Silva). Ed. Rialp. Madrid, 1990.

—: *La agonía de Cristo*. (Edición de Álvaro de Silva). Ed. Rialp. Madrid, 1989.

ROPER, WILLIAM: *La vida de sir Tomás Moro* (Edición de Álvaro de Silva). Ed. Eunsa. Pamplona, 2000.

SANTIDRIÁN, PEDRO R.: *Vida de santo Tomás Moro*. Ed. San Pablo. Madrid, 1997.

VÁZQUEZ DE PRADA, ANDRÉS: *Sir Tomás Moro, Lord Canciller de Inglaterra*. Ed. Rialp. Madrid, 1999.

Índice

Colección biografía joven

1. **Pasión por la verdad (San Agustín)**
   Autor: Miguel Ángel Cárceles. Ilustrador: J. Gual

2. **El joven que llegó a Papa (Juan Pablo II)**
   Autor: Miguel Álvarez

4. **La madre de los más pobres (Teresa de Calcuta)**
   Autora: María Fernández de Córdova

5. **La descubridora del radio (María Curie)**
   Autora: Mercedes Gordon

6. **Un genio de la pintura (Velázquez)**
   Autora: Mercedes Gordon

7. **Camino de Auschwitz (Edith Stein)**
   Autora: María Mercedes Álvarez

8. **La formación de un imperio (Carlos V)**
   Autor: Godofredo Garabito

9. **Los pastorcillos de Fátima (Lucía, Francisco y Jacinta)**
   Autor: Miguel Álvarez

10. **Un arquitecto genial (Antoni Gaudí)**
    Autor: Josep Maria Tarragona

11. **Un corazón libre (Martin Luther King)**
    Autor: José Luis Roig y Carlota Coronado

12. **Una vida para la música (Johann Sebastian Bach)**
    Autora: Conchita García Moyano

13. **El hijo del trueno (San Juan de Betsaida)**
    Autor: Miguel Ángel Cárceles

14. **Siempre madre (Santa Juana de Lestonnac)**
    Autora: M.ª Teresa Rados, O. N. S.